¿CÓMO DEBEMOS ORAR?

Joe Anthony Ramos

Ediciones Sinaí

¿CÓMO DEBEMOS ORAR?

APRENDIENDO A ORAR BÍBLICAMENTE

Joe Anthony Ramos

Ediciones Sinaí

DEDICATORIA

Primeramente quiero agradecer a mi gran Dios y salvador Jesucristo, por darme la oportunidad y el privilegio de poder concluir este primer libro el cual yo confío que será de mucha bendición para todos aquellos que lo lean y que buscan encontrar una más cercana e íntima relación con Dios.

Quiero dedicarlo a mi preciosa y amorosa esposa por todo su apoyo incondicional, juntamente con mis hijos y mis familiares, también dedicado especialmente a la Iglesia Del Dios viviente y a todo su liderazgo, en espacial a los guerreros y guerreras de oración que me apoyan todos los días intercediendo a las necesidades del pueblo de Dios.

Agradezco sinceramente al hermano Julio César Velasco por el apoyo financiero y el ánimo que continuamente me extendió durante el tiempo que se escribió este libro. ¡Muchas gracias, hermano Cesar!

También quiero agradecerle a mi pastor Oscar Junkar por haberme enseñado a orar de madrugada, por todo el tiempo que invirtió en mí, enseñándome la palabra de Dios.

Espero que este libro sea una herramienta poderosa en las manos de todos aquellos que anhelan y desean tener una relación más cercana e íntima con el autor de la vida, el único y sabio Dios el todo poderoso el Alfa y la Omega el principio y el fin, a Jesucristo sea la honra y la gloria. Amén

Joe Anthony Ramos
Gresham Oregón Marzo 2023

Contenido

DEDICATORIA 5

Contenido 7

INTRODUCCIÓN 13

  I. LA ORACIÓN UNA NECESIDAD APREMIANTE. 13

    David 13

    Daniel 14

  II. PROBLEMAS POR LA FALTA DE ORACIÓN 14

  III. ¿DE QUE TRATA EL LIBRO? 18

JESÚS EL MAESTRO DE LA ORACIÓN

CAPÍTULO 1 JESÚS EL MAESTRO DE LA ORACIÓN 23

  I. Introducción: Los discípulos querían aprende a Orar.. 23

    I. La oración como pneumática (espiritual): 25

    II. La oración como ciencia psicológica o cognitiva:. 26

    III. La oración como una ciencia y experiencia anímica o emocional: 28

    IV. La oración como una ciencia somática o corporal: 29

V. La oración se fundamenta en la relación............... 29

VI. La oración alaba a Dios.. 30

   a. Jesús alababa a Dios cuando oraba. 30

PREGUNTAS PARA REFLEXIONAR........................ 32

SEÑOR ENSÉÑANOS A ORAR

CAPÍTULO 2 SEÑOR ENSÉÑANOS A ORAR............... 37

El propósito del Lenguaje 37

   I. La ruptura de la comunicación con Dios................. 38

   II. La restauración de la comunión con Dios 39

Jesús oraba con iniciativa propia 40

La oración de Jesús era definida y persistente. 42

Guía de Oración 43

   I. Adoración y Gratitud. 43

   II. Liderazgo de la Iglesia...................................... 44

   III. Necesidades de la Iglesia................................. 44

   IV. Evangelismo y Misiones. 45

Para que Dios nos libre de la carne, el diablo y el mundo. 46

   I. Gratitud y confianza.. 46

   II. Jesús motivaba a otros a orar............................. 46

   III. Jesús se apartaba para orar 47

La oración nos ayuda a no tener tentaciones. 48

Conclusión: 50

PREGUNTAS PARA REFLEXIONAR........................ 51

EN EL PRINCIPIO DIOS CREO LA ORACIÓN

CAPÍTULO 3 EN EL PRINCIPIO DIOS CREÓ LA ORACIÓN 55

El Dios de Israel es un Dios que se comunica. 56

Las oraciones en Genesis 61

El Dios que se deja conocer para nuestro crecimiento espiritual. 64

Conclusión 66

PREGUNTAS PARA REFLEXIONAR 67

ENEMIGOS DEL SILENCIO

CAPÍTULO 4 ENEMIGOS DEL SILENCIO 71

Escuchando la voz de Dios 71

La contemplación y el discernimiento en la oración 72

I. La biblia es la palabra de Dios 73

II. El discernimiento debe de ejercitarse 77

Conclusión 80

PREGUNTAS PARA REFLEXIONAR 81

LA ORACIÓN: UNA COSMOVISIÓN

CAPÍTULO 5 LA ORACIÓN: UNA COSMOVISIÓN 85

La oración debe de entenderse en niveles 85

I. El nivel principiante, la oración generalizada. 86

II. El nivel clamor, la oración apasionada 86

III. El nivel del gemir, la oración en el Espíritu 88

a. El nivel intercesión, la oración de Guerra............ 89

PREGUNTAS PARA REFLEXIONAR........................ 92

LA ORACIÓN DE MADRUGADA

CAPÍTULO 6 LA ORACIÓN DE MADRUGADA.......... 97

Panorama de la Oración Nocturna en las Escrituras....... 99

    I. Significado de la oración nocturna 99

    II. Antiguo Testamento 100

        a. El llamado a la oración nocturna 100

        b. La búsqueda de Dios en la noche 100

        c. La angustia de la oración nocturna 101

        d. La bendición de la oración nocturna................ 101

        e. El llanto y la oración nocturna 101

    Nuevo Testamento 102

    Principios de la Oración Nocturna...................... 104

    I. Comunión con Dios en un momento de
tranquilidad 104

        f. Búsqueda de Dios en tiempos de angustia 104

        g. Lamentación y arrepentimiento en la oración
nocturna. 105

        h. Bendiciones de la oración nocturna............... 105

        i. La importancia de la oración nocturna. 106

        j. El desafío de cultivar el hábito de la oración
nocturna 107

        k. La promesa de bendición y comunión con Dios a
través de la oración nocturna.................................... 108

PREGUNTAS PARA REFLEXIONAR....................... 109

PALABRAS FINALES

CAPÍTULO 7 PALABRAS FINALES 113

.

INTRODUCCIÓN

I. LA ORACIÓN UNA NECESIDAD APREMIANTE

En la biblia hay sesenta y tres versículos que hablan de la oración y veinticinco sobre la oración de madrugada. Es importante que veamos algunos ejemplos con el fin que comprendamos su importancia en las escrituras y, por consiguiente, la importancia que debe tener esta práctica para nosotros en la actualidad:

David

La Biblia señala con claridad y a través de múltiples ocasiones que el rey David fue un hombre que tenía una vida de oración constante y ferviente. Los Salmos presentan sin lugar a duda oraciones y experiencias que él tuvo con Dios.

La oración fue parte de su preparación para convertirse en el próximo rey de Israel que gobernaría conforme al corazón de Dios después de que Saúl fallara como rey desobedeciendo a Jehová por consultar con adivinos en lugar de consultar a Dios en oración.

La oración en la vida de David nos enseña que la oración te convierte en un rey al servicio de Dios, la oración te da autoridad para poder dirigir tu vida y las de aquellos que Dios ponga bajo tu liderazgo, pero la falta de oración te lleva al fracaso y lleva al fracaso a cualquiera que te siga sea esta tu familia, amigos o iglesia y al final de lleva a ser desechado por Dios.

Daniel

Para Daniel su relación con Dios en oración fue tan fuerte que ni el decreto del rey ni el castigo de ser puesto en el foso de los leones lo detuvo de orar.

Solo una vida de oración nos hará vivir sin temores en esta vida terrena, solo una vida de oración nos permitirá enfrentarnos a la adversidad, la oración producirá en nosotros temor a Dios pero un temor tan reverente que nuestro mayor miedo será el fallarle, la oración nos convierte en personas temerosas de Dios porque la oración nos permite enamorarnos de Él de tal forma que nuestro único miedo es llegar a perder su presencia en nuestras vidas.

La espiritualidad de Daniel y su vida de oración creó tal impacto en el rey Darío que este decretaría la adoración al único y soberano Dios. *Daniel 6:26*, porque cuando se tiene una vida de oración genuina se impactan las vidas aún de aquellos que no creen.

II. PROBLEMAS POR LA FALTA DE ORACIÓN

El caminar con Dios consiste en una espiritualidad genuina. Una espiritualidad que es por fe, esta última palabra la vulgata latina traduce como *"fides"* que significa fidelidad y no por la vista (apariencia) o lógica (conocimiento religioso), por consiguiente, el caminar con Dios es un caminar donde somos fieles no solo a sus mandamientos sino fieles en nuestra comunión con él en oración.

En el 2019 Cuándo comenzó la pandemia enfrentamos tiempos de mucho temor, angustia y duda. Muchas preguntas surgieron; ¿Serán los últimos días? ¿Será la venida del señor en estos días? ¿Llegó acaso la gran tribulación? Un sin número de preguntas llegaron a nuestra mente y atacaron nuestra fe y sistema emocional, podemos firmemente decir qué nuestra vida y nuestra fe fue puesta a prueba.

Cuando no sabes qué hacer es cuando te das cuenta de lo que verdaderamente estás hecho, la pandemia exhibió lo mejor de nosotros o lo peor de nosotros algunos nos aferramos más a Dios pero muchos se alejaron de él y la evidencia de ello es la cantidad de iglesias que se cerraron y la baja de asistencia en un sin número de congregaciones en la nación.

Constantemente escuchábamos reportes de iglesias enteras desvaneciéndose y dándose por vencidos en su llamado a ser: Luz del mundo y sal de la tierra. *Mateo 5:15.*

La mayoría de nosotros nos enfermamos del virus, mucho de nuestros con-siervos desafortunadamente murieron. Muchos familiares, amigos, conocidos, compañeros de trabajo, y vecinos perdieron la vida durante esta pandemia.

Sin duda; nuestra fe fue puesta a prueba, y fue allí: donde comprobé que la oración es lo más poderoso que los cristianos tenemos. Puedo afirmar sin temor a equivocarme que la oración es totalmente indispensable para poder sobrevivir cualquier prueba que venga en nuestra vida.

Por algunos años Dios me ha permitido hacer el hábito de orar de madrugada pero nunca había visto tantos milagros y tantos prodigios a través de esta oración matutina, he visto la mano de Dios he experimentado visiones angelicales, encontrar mi conexión con Dios, ver la unción del Espíritu Santo cayendo sobre mí, fortaleciéndome cada día para poder seguir adelante sin lugar a duda fuimos llamados a luchar la buena batalla de la fe y echar mano de la vida eterna.

Conforme fueron pasando los días fuimos adaptándonos de una forma u otra al sistema que se estaba creando, un sistema cibernético en donde la única forma de escuchar la palabra de Dios fue a través de las redes sociales y es bastante irónico que antes de la pandemia muchos pastores no creíamos en las redes sociales y hasta condenábamos a aquellos que estaba en la redes sociales para predicar, pero Dios en su infinita misericordia nos mostró que él puede usar cualquier medio para que su iglesia siga adelante y su evangelio se siga predicando.

Y a pesar de que aun seguimos predicando a través de las redes sociales, fuimos adaptándonos a un sistema poco a poco. Ese sistema se empezó a tornar en algo normal y mucha gente le empezó a gustar bastante ya que ya no era necesario ir al culto porque podíamos prender el teléfono y entrar en el Internet, YouTube, Facebook, o cualquier otro lugar y escuchar o ver una predicación y así se comenzó a formar un estilo de vida alternativo ante las prohibiciones del gobierno de efectuar reuniones en las iglesias.

La palabra de Dios nos enseña que no debemos de conformarnos al estilo de vida de este mundo sino más bien debemos de mantener nuestra mentalidad fresca, nuestra mentalidad renovada, la renovación de nuestro entendimiento, la única forma más efectiva de poder lograr tal cosa es por medio de la oración. Es la comunicación con Dios lo que cambia todo, es la conexión con el creador del universo que hace la diferencia, es la intimidad lo que nos cambia, lo que nos transforma, la intimidad con Dios, la intimidad con el Espíritu Santo, por eso nuestro señor Jesucristo dijo: fuera de mí nada podéis hacer, ustedes son las ramas yo soy el árbol y separados de mí nada podéis hacer (Juan 15:5).

Si somos sinceros, nos daremos cuenta de qué cuando un estilo de vida se forma no necesariamente es el estilo que Dios quiere que tengamos, con esto me refiero a depender del mundo cibernético a depender del Internet y sustituir la oración y el congregarse por una emoción cibernética en donde podemos escoger quien nos predique o podemos elegir qué grupo queremos que cante pues ya no hay nadie alrededor que nos diga algo al respecto.

A este punto es que quería llegar, puesto que muchas iglesias, muchos pastores y muchos cristianos hemos dejado las cosas simples pero indispensables de nuestra vida cristiana como escuchar la palabra de Dios a través de aquel hombre que Dios ha puesto nuestra vida nuestro pastor. Hemos dejado de orar y hemos aprendido a caminar de forma natural o no espiritual.

De todas las cosas que nos afectan en nuestro caminar con Dios puedo decir firmemente que es la falta de oración es la que más nos afecta. Porque podemos leer, podemos aprendernos todos los libros de la biblia, pero la palabra de Dios dice: que la letra mata más el espíritu vivifica (2 de Corintios 3:6). Con esto no digo que leer sea malo y que ¡Viva la ignorancia! Sino que el estudio debe de ir acompañado de oración. La oración es indispensable y no puede ser reemplazada por nadie o por nada.

Hoy en día tenemos *Google* el cual nos da mucha información buena y mucha mala, hemos aprendido a preguntarle a *Google* todo, esto no quiere decir que sea malo pero no podemos depender de una inteligencia artificial para nuestra vida espiritual, tenemos que volver a nuestras raíces, la oración es lo más poderoso que tenemos como cristianos y necesitamos con seriedad sumergirnos en ella.

Solamente por medio de una relación con Dios en oración evitaremos caer en la religiosidad. El mundo está cansado de religiosos, fueron los fariseos religiosos que crucificaron al señor Jesucristo, el mundo necesita hombres y mujeres de Dios con una vida espiritual genuina que esta cimentada en la oración no religión.

III. ¿DE QUE TRATA EL LIBRO?

El libro trata de varios principios bíblicos, espirituales y prácticos que serán desarrollados a los largo de este libro y la oración de un capítulo será dedicado a la oración madrugada. La oración de madrugada tiene un poder especial pero para que sea una oración eficaz necesitamos entender y practicar los principios ofrecidos en los capítulos previos a ello.

1. Los capítulos uno y dos se dedicarán a explorar la oración de acuerdo con Jesús analizaremos varios componentes importantes en la práctica de Jesús en el desempeño de la oración y como el adoptarlos a nuestra vida de oración lograremos tener mayores resultados porque nuestra oración será más eficaz.

2. El capítulo tres ofrecerá un análisis del génesis de la oración y como esta comunicación con Dios se perdió pero como esta fue restaurada por medio de la obra de Cristo en el Calvario. En este capítulo desarrollaremos la importancia de la santidad y el desarrollo de una genuina espiritualidad para lograr una oración eficaz.

3. El Capitulo cuatro ofrecerá lo que llamaremos la práctica de la oración contemplativa en el cual analizaremos la importancia de distinguir la voz de Dios en nuestra vida de oración e indicaremos como poder escuchar la voz de Dios con eficacia.

4. El Capitulo cinco desarrollaremos lo que llamaremos la cosmovisión de la oración en esta desarrollaremos un análisis de la guerra espiritual. La comprensión de esta cosmovisión ayudara a que nuestra oración sea bíblica y por consiguiente una oración eficaz.

5. El capítulo seis intentara describir la oración de madrugada e implementar los principios adquiridos para desarrollar así una oración eficaz que obtenga resultados mensurables.

6. Por último el capítulo ocho será dedicado a ofrecer unas palabras finales para que todo aquel que inicia su vida de oración y parara los que pudieron terminar exitosamente la lectura de este libro, puedan seguir el siguiente nivel de su vida de oración.

7. Cada capítulo contara con una serie de preguntas de reflexión y una hoja para anotaciones personales de lo que Dios te muestre mientras ejecutas tu lectura, te recomiendo las utilices y veras como tu comprensión de la oración aumentara significativamente.

CAPÍTULO 1

JESÚS
EL MAESTRO DE LA ORACIÓN

CAPÍTULO 1

JESÚS
EL MAESTRO DE LA ORACIÓN

Aconteció que estaba Jesús orando en un lugar, y cuando
terminó, uno de sus discípulos le dijo: Señor, enséñanos a orar,
como también Juan enseñó a sus discípulos

Lucas 11: 1

I. INTRODUCCIÓN: LOS DISCÍPULOS QUERÍAN
APRENDE A ORAR.

Los discípulos no le pidieron a Jesús que les enseñare a predicar, no le pidieron que les enseñare a evangelizar, no le preguntaron cómo echar fuera demonios, no preguntaron cómo prepara una buena clase o dictar una conferencia, le pidieron que les enseñará a orar.

Interesantemente, todos los discípulos venían de un contexto del judaísmo. Un contexto donde estaban acostumbrados a orar tres veces al día, los siete días a la semana, los 365 días al año, desde su niñez.

No obstante, se percataron de que no sabían cómo orar. Esto nos sugiere que alguien puede orar todos los días, incluso varias veces al día, sin saber realmente cómo hacerlo. Y podría preguntarse: "¿Pero cómo es posible?" A pesar de ello, usted ora diariamente al levantarse, porque, de hecho, ¿acaso no ora cuando se despierta? También ora todos los días antes de comer, dando gracias por sus alimentos, porque, ¿verdad que agradece por lo que va a consumir? Además, ora cada noche previo a dormir, porque, ¿no es cierto que realiza una oración antes de descansar? Pero siempre ora lo mismo, siempre: *gracias, Señor por este día, cuídame en el trabajo ame; gracias, Señor por los alimentos que nunca falten en mi mesa amen; gracias por mi familia por la salud amen.* Y si eso es día con día, entonces usted no sabe orar, usted más bien reza, los discípulos entendieron que su vida de oración no era más que un simple rezo, que su vida de oración no estaba fundamentada en una relación con Dios sino simplemente era una práctica religiosa.

Y creo que nosotros debemos preguntarnos ¿hasta qué grado nuestra vida de oración está fundamentada en una relación genuina, íntima y profunda, con Dios? ¿Hasta qué grado nuestra vida de oración, ¡Si es que existe! No es sino un mero acto, una apariencia que guardamos para con nuestra familia, amigos y hermanos de la iglesia? Porque ese

> *La oración es una ciencia, es algo que se puede aprender y es algo que se puede enseñar.*

era el caso de los discípulos de Jesús, los cuales oraban tres veces al día, todos los días, pero no sabían orar.

Los discípulos querían aprender a orar. Esto nos enseña, que la oración es una ciencia, que la oración es algo que se puede aprender, y es algo que se puede enseñar. Esto nos enseña que nadie nace sabiendo orar, y que la oración es algo que se tiene y puede aprender.

Esto también nos enseña, que la oración tiene niveles, y que así como existen niveles matemáticos como: matemáticas básicas, algebra y geometría, en la oración también existen niveles de comprensión y práctica.

Hay oraciones dice *Santiago 4:3,* que no son contestadas por que tienen motivaciones equivocadas. Esto nos indica que la oración debe de ser hecha con motivaciones correctas, no solamente se trata de orar, sino que siempre debemos de orar apropiadamente, con las motivaciones, deseos y sentimientos requeridos por Dios.

Hay oraciones dice el Salmista, *Salmo 109:7,* que incluso son pecaminosas, hay oraciones donde se desea el mal de otros.

La oración, entonces, es una ciencia: Pneumática, psicológica, anímica y somática (*Espíritu, mente, emociones y corporal*)

I.   *La oración como pneumática (espiritual):*

Cuando hablamos de una oración pneumática, nos referimos a que la oración es, primeramente, una experiencia espiritual, esto es,

> *La oración es primera-mente una experiencia espiritual, debe de ser efectuada en*

que la oración debe de ser efectuada en el espíritu, Romanos 8:26, porque la oración en el espíritu es una oración que llama a Dios: Abba (papi) *Romanos 8:15.*

Este pasaje expone que una persona que ora en el espíritu se dirige a Dios con amor, con cariño, con temor reverente, con dependencia. Esto significa que una oración espiritual o pneumática es una oración de carácter devocional, es una oración que adora, que exalta que glorifica a Dios, la verdadera oración en el espíritu es una oración litúrgica cuyo énfasis principal es glorificar a Dios y por consiguiente las peticiones efectuadas son sometidas a la voluntad de Dios para que él sea glorificado.

La oración en el espíritu no busca el bien del que ora sino la gloria de Dios por consiguiente su oración es totalmente sumisa a la voluntad de Dios.

II.   La oración como ciencia psicológica o cognitiva:

Cuando hablamos de la oración como una realidad psicológica o cognitiva, nos referimos a que en la oración se utiliza la mente. *Romanos 12:1.* La oración, no es un elemento irracional o desorganizado. Usted razona, usted piensa y organiza sus ideas para hablar con Dios.

La oración es por consiguiente un acto neuro-cognitivo. Porque si bien en la oración usted lidia con todos sus recuerdos, con todos sus traumas, y sus sinsabores, También trabaja con sus ideas, su experiencia, su memoria y

La oración puede ser espontanea cuando existe la experiencia pero debe ser planificada cuando no la tenemos.

conocimientos.

La oración cognitiva es una oración que puede ser espontanea cuando existe la experiencia, pero, debe ser planificada cuando no la tenemos.

En la oración cognitiva usted puede hacer un bosquejo o lista de las cosas por las cuales se deben orar, es una oración especifica y no es una oración al azar o lanzada al viento.

Por ejemplo, si desea que su familia se convierta, no basta con orar: "Señor, salva a mi familia". En su lugar, es recomendable orar por cada familiar, mencionando sus nombres y exponiendo las luchas específicas que enfrentan en sus vidas, como el alcoholismo, las drogas, la idolatría, problemas de pareja, depresión o cualquier otro problema que aqueje a cada individuo.

La oración cognitiva es clara en sus declaraciones y objetivos y nunca generaliza. Una oración generalizada es: Señor que la iglesia crezca… una oración objetiva es: Señor, que la iglesia Vida Nueva de Vancouver Washington crezca, salva almas, Señor usa al pastor Juan Pérez en la predicación, dale gracia, dale sabiduría, que sus palabras sean ungidas por ti y los corazones de los que escuchen sean tocados y se conviertan a ti.

Una oración que usa la mente articula mejor y con claridad sus peticiones.

Si vemos una oración que usa la mente articula mejor y con claridad sus peticiones, muchas veces pedimos y no recibimos por que pedimos mal. *Santiago 4:3.* Es tiempo de pedir bien, es tiempo de ser específicos.

III.   *La oración como una ciencia y experiencia anímica o emocional:*

La oración también debe de ser vista como una ciencia y experiencia anímica o emocional. Porque una oración sin emociones no merece ser efectuada. Imagínese decirle a su novia/o que le ama, pero con frialdad.

La oración debe de ser emotiva, debe de ser expresiva, debe de ser apasionada, debe de ser una experiencia emocional sin precedentes y sin posibilidades de ser superada. Que cuando usted ore, ame más estar en la presencia de Dios que cualquier otra cosa o persona en el mundo.

La oración apasionada surge del verdadero amor por Dios y aquellos por los que está intercediendo, la oración apasionada genera gritos, llanto y gemidos indecibles. *Romanos 8:26*

Como podemos ver en este ejemplo, la oración apasionada es desgarradora similar a la de Moisés cuando Dios le dijo que destruiría al pueblo de los Hebreos y levantaría otra nación más grande y fuerte para que Moisés liderara, pero Moisés le responde si los has de matar a ellos, mátame a mí también.

Esto implica que la oración apasionada es una oración donde la petición se considera de vida o muerte, donde existe un verdadero desgarre emocional que busca una respuesta positiva para la gloria de Dios.

> *La oración apasionada surge del verdadero amor por Dios y aquellos por los que está intercediendo.*

IV. *La oración como una ciencia somática o corporal:*

La oración es una ciencia y experiencia somática o corporal. Esto es, que la oración debe de ser expresada corporalmente, la oración no es un acto mental solamente como para caer en un trance.

La oración va a acompañada de movimiento y expresiones corpóreas, *1 Samuel 1:9-15* y *Romanos 8:26*. La oración se expresa físicamente, a través de llanto, de clamor, de gemidos, de risas, de cánticos y salterio o danza pero, la oración nunca es inerte corporalmente hablando. ¡Las momias no oran!

Así que cuando usted ora a Dios con todas sus fuerzas, con toda su mente, con todo su corazón, la oración es una experiencia antropológica integral, esto es, que encierra o abarca la plenitud del ser humano, tanto en su carácter etéreo como en su naturaleza corpórea.

Si bien hay momentos para una oración pasiva corporalmente hablando, cuando existe una profunda angustia y deseo de ver una respuesta de Dios, el ser humano usa su cuerpo como medio de expresión. Y lo expresa levantando sus manos, postrándose repetidas veces, caminando, acostándose, gritando u otras expresiones corporales para manifestar lo que existe en su interior, porque de la abundancia del corazón se expresa el cuerpo.

V. *La oración se fundamenta en la relación*

Interesantemente en este pasaje, Jesús inicia su cátedra sobre la oración indicando que la oración va dirigida al Padre. Esto indica que la oración efectiva tiene como punto de partida una relación familiar. Y

> *La oración se fundamenta en una relación saludable con Dios.*

la pregunta que surge es: ¿Qué tan familiarizados estamos con nuestro Padre? ¿Qué tanto realmente   nosotros conocemos a la persona de Dios? De una manera relacional, de una manera espiritual y por supuesto cognitiva.

Así que, la oración se fundamenta en una relación saludable con Dios, y la oración es en sí misma el medio para formar esa relación con Dios.

Por ejemplo: Entre más tiempo nosotros platicamos con una persona, más conocemos a esa persona, entre más tiempo platiquemos con Dios, más conoceremos a Dios.

Por esta razón Jesús pasaba noches enteras en oración, duraba horas en oración, por ello, Él conocía muy bien a Dios. Por consiguiente, si quieres conocer a Dios, entonces, es tiempo de orar con mayor frecuencia e intensidad practicando los principios que te señalo en este libro.

VI.   *La oración alaba a Dios*

a. *Jesús alababa a Dios cuando oraba.*

Jesús reconoce la posición celestial, divina de Dios, lo cual es en primera instancia un reconocimiento de la superioridad de Dios sobre sí mismo. La alabanza es, en sí, el reconocer lo sobresaliente, lo superior e inigualable de alguien. Y Jesús está diciendo: Padre nuestro que estás en el cielo santificado sea tu nombre… Eres divino, eres celestial, eres sublime, estas por encima de todos nosotros, eres santo, eres distinto, eres único, incomparable, inigualable, insuperable, eres grande, todopoderoso. Jesús inicia su cátedra de oración indicando que la oración debe de iniciar con alabanza, con exaltación y con glorificación.

La oración entonces debe de ser vista como una acción litúrgica, como una acción devota, como una acción de consagración, la oración puede incluir himnos, cánticos, alabanzas, adoración cantada. La oración no debe limitarse a la mera expresión conversacional, la oración puede inclusive incluir; la expresión salmista, rítmica y/o musical.

La oración de Jesús era una oración que exaltaba a Dios, y nosotros debemos de imitar ese estilo de oración. Debemos exaltar a Dios, debemos adorar a Dios, demos glorificar a Dios, debemos reconocer a Dios; como Rey de reyes, Señor de señores, como el Alfa y la Omega, como el todopoderoso, como el único y soberano Dios, como el único digno de nuestro amor, de nuestra entrega, de nuestro compromiso, de nuestra adoración, de nuestro servicio.

La oración de Jesús alababa a Dios, por ello viene la pregunta, ¿Cuándo tu oras, cuanto tiempo dedica a la adoración? ¿Qué porcentaje de tu oración tiene un enfoque teocéntrico? ¿Qué porcentaje un enfoque egocéntrico? La oración debe de estar centrada en Dios, no en nosotros mismos.

PREGUNTAS PARA REFLEXIONAR

1. ¿Porque decimos que la oración es una ciencia?

   _____

   _____

   _____

   _____

   _____

2. ¿Qué significa decir que la oración es cognitiva?

   _____

   _____

   _____

   _____

3. ¿Qué papel juega el cuerpo en la oración?

   _____

   _____

   _____

   _____

4. ¿Cuál es el principal fundamento de la Oración?

   _____

   _____

   _____

   _____

NOTAS PERSONALES

CAPÍTULO 2

SEÑOR ENSÉÑANOS A ORAR

CAPÍTULO 2

SEÑOR ENSÉÑANOS A ORAR

Y saliendo, se fue, como solía al monte de los Olivos: y sus discípulos también le siguieron. Cuando llego a aquel lugar, les dijo: Orad que no entréis en tentación.

Y él se apartó de ellos a distancia como a un tiro de piedra; y puesto de rodillas oro.

Lucas 22:39-40

EL PROPÓSITO DEL LENGUAJE

La oración es el primer medio de comunicación creado por Dios. Como creador, Dios dotó al hombre de las capacidades del lenguaje y el raciocinio para que pudiera comunicarse con Él. El propósito de Dios al crear al ser humano fue establecer una comunicación verbal, personal, íntima y continua con Él y, posteriormente, con otros seres humanos. No obstante, la principal razón por la que los seres humanos poseen el don del habla es para entablar comunicación con Dios. Este propósito es el motivo fundamental por el cual existen el idioma, el lenguaje y la expresión verbal.

I. La ruptura de la comunicación con Dios.

Desafortunadamente, la mujer peco por ponerse a hablar con el Diablo, por escuchar la voz de la serpiente en el huerto del Edén. Y el hombre peco por que dejo que una persona influida por Satanás (en este caso su mujer) le dijera lo que tenía que hacer. Esto nos enseña, que cuando no hablamos con Dios, Satanás va a intentar hablar con nosotros, personas influidas por el diablo van a intentar distraernos de la voluntad de Dios para nuestra vida con el propósito de inducirnos al pecado.

Por eso es importante reconocer la voz de Dios, Jesús dijo: Mis ovejas oyen mi voz y me siguen. *Juan.10:4y14*. Cuando conocemos la voz de Dios, entonces, sabemos distinguirla, Jesús supo cuando Satanás influyo en Pedro para tratar de persuadirlo a no ir a la Cruz. *Mateo 16:23*.

> *Cuando conoces la voz de Dios sabrás distinguir y no caerás en la trampa del maligno.*

Pero Jesús supo muy bien que quien hablaba no era Pedro, ni mucho menos Dios sino el Diablo y supo discernir, reprender y rechazar lo que Pedro decía. De igual forma muchas veces Satanás puede usar a alguien para desviarte de la voluntad de Dios y puede ser alguien cercano pero cuando conoces la voz de Dios sabrás distinguir y no caerás en la trampa del maligno.

II.   La restauración de la comunión con Dios

Lo que irrumpe la comunicación con Dios es el pecado, e *Isaías 59:2* dice:

> *Pero vuestras iniquidades han hecho división entre vosotros y vuestro Dios, y vuestros pecados han hecho ocultar de vosotros su rostro para no oír.*

Así que si quieres que tu oración sea escuchada, ya no debes pecar, es tiempo de santificarse, es tiempo de consagrarse, porque lo que permite la comunicación efectiva con Dios es el arrepentimiento proseguido de una vida de santidad.

El que practica el pecado se esconde de Dios, y ese fue el caso de Adán y Eva, el caso de Caín y de muchos otros porque la vida en pecado aleja el deseo de encontrarse cara a cara con Dios, por ello, no oran de forma cotidiana, los que viven en pecado solo oran cuando tienen problemas, pero, los que se santifican, oran en todo tiempo porque el que huye del pecado se refugia en Dios, se comunica con Dios y Dios lo atiende, Dios le escucha y le responde.

La Santidad es una de las principales exigencias de Dios, Sed santos como yo soy Santo. *1Pedro 1:15*, y sin la cual nadie podrá ser salvo *Hebreos 12:14*, por consiguiente la santidad o la consagración no es en ningún momento algo de carácter opcional sino que es un requisito ineludible en la esencia del cristianismo.

> *La santidad no es en ningún momento algo de carácter opcional.*

Entre las muchas cosas que Jesús dijo, y una de las cosas más interesantes fue cuando Jesús dijo a sus enemigos: Quien de vosotros me redarguye de pecado… (Juan 8:46) indicando así, que la santidad se nota, no es algo interno sino que se manifiesta en toda nuestra conducta, palabras, vestimentas, pensamientos, intenciones, diversiones, intereses y desintereses.

La santidad es un *modus vivendi* que es resultado de una vida de oración, al estar cara a cara con Dios llegamos a ser como Él es, solo en su presencia podemos ser transformados a la imagen de Cristo.

Por esta razón la oración, al inicio de nuestro caminar espiritual, debe de enfocarse principalmente en que Dios nos transforme. Antes de querer cambiar el mundo, debemos cambiar nosotros, por eso, la oración debe de convertirse en una búsqueda de transformación personal, solo cuando esta ocurre podemos ser agentes de cambio en las manos de Dios para su Iglesia y el mundo.

JESÚS ORABA CON INICIATIVA PROPIA

Si usted desea crecer en su vida de oración usted debe decidir orar, si usted no decide orar y formar una disciplina, un patrón de conducta hacia el desarrollo de una vida de oración, usted no va a crecer en la oración.

Sin embargo tal decisión no debe de ser entendida como una mera decisión humana, ya que la biblia dice que el hombre fue creado con eternidad en su corazón (Eclesiastés 3:11) y lo que eso implica es que el ser humano es por naturaleza un ser religioso.

> *Todo ser humano nace con la conciencia de Dios y un deseo interior de conocerlo.*

Por ello, no importa a qué lugar tan remoto uno vaya, o que nuevo descubrimiento arqueológico se realice, siempre se encontrara que la religión ha estado presente en todas las eras, culturas, tribus y sociedades.

Por eternidad en el corazón se debe entender entonces que todo ser humano nace con la conciencia de Dios y un deseo interior de conocerlo, y eso es lo que nosotros conocemos como el espíritu humano, como el soplo de vida, y este espíritu humano que nosotros tenemos, fue llevado cautivo por el pecado de Adán y por eso se formaron las religiones paganas pues se perdió la comunión con Dios. Más ahora que usted ha nacido de nuevo; su comunión con Dios se restaura, y el espíritu desea tener comunión con Dios.

Por ello, el deseo de orar es tanto un deseo humano como una imposición divina, y cuando usted ora, usted trabaja en una comunión sinérgica con Dios.

Por eso la oración no es un elemento meramente humano sino es la unión de lo divino con la humanidad, es la unión de Dios con nosotros la oración llega a ser nuestro Emanuel, Dios con nosotros.

La iniciativa propia es de vital importancia en la oración, sin embargo cuando usted inicia en el desarrollo de su vida de oración usted no desea orar, ni sabe orar y por esta razón, es de vital importancia que usted le pida a Dios que le dé deseos de orar, que le enseñe como orar y que le de oportunidades para orar. Pero ¡Usted debe tomar la iniciativa!

LA ORACIÓN DE JESÚS ERA DEFINIDA Y PERSISTENTE.

La biblia nos dice que Jesús oro toda la noche antes de elegir a sus discípulos, La biblia no nos dice cuál era el contenido de su oración, sin embargo, podemos sospechar que su oración fue una oración muy definida en su contenido, posiblemente Jesús tenía una lista de candidatos extensa, de los que podrían llegar a forma parte de lo que serían los apóstoles de Jesús.

Su oración fue por todos y cada uno de ellos afín de poder discernir la voluntad de Dios, y es interesante que aun cuando elige a Judas, lo elige sabiendo el resultado final de esa elección y le dice: Para que se cumpla la Escritura, *Juan: 6:70-71.*

La oración de Jesús era definida y eso lo vemos en que el oraba siempre por algo específico: fuera para sanar, fuera para liberar a un endemoniado, fuera para levantar un muerto, fuera para reprender el mar y el viento, su oración era especifica. También vemos que cuando él fue el Monte de los Olivos a orar, el oro en tres ocasiones las mismas palabras. Porque Jesús sabía que la oración debe de ser especifica y persistente. Así que si hemos de orar como Jesús debemos de orar específica y persistentemente.

Muchas veces nosotros oramos de una manera muy general: Señor te pido por los enfermos, te pido por los pobres, te pido por los perdidos, te pido por la iglesia, te pido por los pastores….

Y la pregunta es: ¿Cuáles perdidos? ¿Cuáles enfermos? ¿Cuáles pobres? ¿Cuál iglesia? ¿Cuáles pastores? Es importante que aprendamos a orar específicamente, si va a orar por la iglesia usted ora específicamente, por nombre de la iglesia. Si va a orar por los enfermos ore específicamente, por nombre o por iglesia. Si usted ora por los pastores hágalo por nombre y por nombre de la iglesia.

La oración necesita ser especifica por eso, en ocasiones, uno puede dedicar más tiempo a planear por qué orar, que el orar en sí mismo. Cuando usted ore, si no está acostumbrado a orar, apunte en una libreta los motivos de oración, los nombre de personas para orar y todo aquello que sea motivo de oración para que su oración sea especifica. Y sea persistente, *Mateo 7:7.*

A continuación pongo una guía de Oración para que usted pueda tener una idea de cómo formular una, esta guía debe de ser suficiente para que usted pueda orar por lo menos media hora por su Iglesia local:

GUÍA DE ORACIÓN

Iglesia _____

Esta guía de oración tiene como intención presentar algunos principios que enseñen a orar por media hora, dividiendo la oración en seis segmentos de cinco minutos cada uno, cada segmento requiere esfuerzo disciplina y planificación a fin de que sea posible tener un tiempo de oración que sea dinámico y dirigido a resultados mensurables.

I.   *Adoración y Gratitud.*

En este segmento se debe de agradecer a Dios por la oportunidad de acercarnos a Él, se debe de dar gracias por sus bendiciones como: la familia, la salud, el trabajo y la iglesia. También, es un tiempo para dar gracias por su presencia en nuestras vidas y su bendición sobre la iglesia que incluye el hacer notoria su presencia en el culto y darle gracias por el crecimiento que él produce, no tan solo añadiendo miembros, sino por su trabajo de transformación en nosotros y nuestros hermanos en la fe. (*Es importante mencionar nombres de los que han sanado, obtuvieron trabajo, las nuevas familias o nombres de personas que se están añadiendo a la Iglesia*)

II.   Liderazgo de la Iglesia.

En este segmento se debe dar gracias por el pastor de la iglesia, el grupo de alabanza y el liderazgo general, en este tiempo se intercede para que la predicación sea relevante y transformativa, que la alabanza sea un tiempo de júbilo y adoración en la cual Dios se deje sentir de una manera especial derramando de su presencia sobre su pueblo, es un tiempo en el cual pedimos que Dios bendiga a los maestros de escuela dominical y que sus clases sean de bendición para los niños y los adultos, es un tiempo donde oramos por más músicos para la iglesia, por más maestros de escuela dominical y por más lideres en los diferentes departamentos. (*Orar por nombre de cada líder y miembro de la alabanza, maestro o ministerio en la iglesia local*).

III.   Necesidades de la Iglesia.

En este segmento oramos por las necesidades más apremiantes de la iglesia como: los que están enfermos para que sean sanados, y que los que están sanos no se enfermen, oramos para que Dios provea toda necesidad financiera a la Iglesia: _____ y a sus congregantes. También oramos por eventos o actividades que están por desarrollarse tales como: salidas especiales, proyectos de entrenamiento, cultos especiales como servicios donde esperamos tener invitados como el día de las madres, el día del padre y navidad, que Dios permita que en esas fechas tengamos nuevos visitantes y que estos se integren a la iglesia. *(orar por nombre de cada evento y por nombre de los enfermos que conocemos).*

IV.   *Evangelismo y Misiones.*

Este segmento debe de ser utilizado para orar por el departamento de misiones Internacionales, es tiempo para orar por nuestros misioneros alrededor del mundo y por los plantadores de iglesias de nuestra denominación en los Estados Unidos, muy en especial, los que sean hispanos, es un tiempo de pedir por un avivamiento espiritual para la Iglesia y denominación.

También este es un buen tiempo para interceder por el evangelismo local, que Dios nos de oportunidades para evangelizar, y nos llene de sabiduría, prudencia y poder espiritual para compartir nuestra fe y que podamos ver almas convertirse al Señor e integrase a la iglesia. Es un tiempo para pedir por el crecimiento de la iglesia en términos tanto numéricos como espirituales. *(Orar por misioneros específicos, por nombre de los evangelistas locales y por nombre de las personas que conocemos y queremos que conozcan del Señor).*

PARA QUE DIOS NOS LIBRE DE LA CARNE, EL DIABLO Y EL MUNDO.

En este segmento oraremos para que no caigamos en tentación y que Dios libre a su iglesia de todo pecado, que Dios no deje que nos conformemos a este mundo sino que vivamos de acuerdo con los valores bíblicos. Es un tiempo donde pedimos por renovación y fortaleza espiritual, es un tiempo donde pedimos que Dios habrá nuestro entendimiento para comprender su palabra y Él aumente nuestro deseo de conocerle y servirle tanto de manera individual como congregacional. Oramos por que la santidad sea nuestro estilo de vida.

I.   Gratitud y confianza.

En este segmento damos gracias por este tiempo de oración y por lo que Él hará como resultado. Rogamos que su voluntad se cumpla, y que su reino se establezca. Damos gracias por todos los que forman parte de la iglesia y rogamos por el próximo culto que esta por realizarse, para que él sea exaltado y transforme nuestras vidas y la de su pueblo.

II.   Jesús motivaba a otros a orar.

Cuando usted ora usted motiva a otros a orar, las palabras *oración*, vamos a orar, oremos, se encuentran constantemente en su boca. Jesús motivaba a otros a orar, Pablo en sus epístolas, constantemente motivaba, exhortaba y pedía oración.

La Oración es algo que nos cautiva de tal modo que no podemos dejar de practicarla ni de hablar de ella. La oración es la

Pero Jesús no era un cualquiera, él era un hombre de oración y él no miraba a la tentación como una tentación, sino con indiferencia, con desprecio e inclusive como algo repugnante.

Cuando usted ora, y se convierte en una persona de oración usted no tiene deseos de pecar, y el pecado puede estar a la puerta pero usted no lo desea.

La oración quita el deseo de pecar, y tal vez usted diga hermano pero yo tengo muchos deseos de pecar. Mi respuesta es: Ore, pero ore específicamente por su deseo pecaminoso, ore para vencerlo.

Pero ore, con persistencia, ore aun cuando crea que ya lo venció, porque muchas veces ganamos batallas pero no la guerra y debemos mantenernos orando.

Hay gente que recae en los mismos pecados con el tiempo por que dejaron de orar, nosotros no podemos bajar la guardia, debemos orar, mantenernos en oración debemos ayunar debemos hacer vigilias de oración y Dios nos guardara de caer en pecado.

La biblia es clara al decir el que perseverare hasta el fin será salvo. *Mateo 10:22,* lo importante no es ganar batallas, esto es ser victorioso por un tiempo sino permanecer hasta el fin, podemos ver que David era un hombre de oración y en sus Salmos el declara que le gustaba orar de madrugada, Salmo 63:1.

Sin embargo, David cometió adulterio con Betsabé y lo que debemos de notar en ese día trágico es que David se levantó hasta la tarde, *2 Samuel 11:2.*

Lo cual nos ensena que David descuido la oración de madrugada y por consiguiente al ser tentado termino pecando, lo peor de todo es que, cuando él se descuida espiritualmente y peca siguió pecando al mandar a asesinar al esposo de Betsabé, porque una vez que caes, es más difícil levantarse, y solo vemos a David orando nuevamente hasta que recibe el castigo de Dios con la enfermedad y muerte de su hijo.

El pecado te lleva a más pecado y su resultado es desgracia por eso no podemos descuidarnos de la oración por que pueden pasar cosas muy feas en nuestra vida e incluso podemos sufrir el castigo de Dios de una forma horrenda e inesperada, *Hebreos 10:31.*

CONCLUSIÓN:

Jesús nos ensena que la oración es un acto que requiere iniciativa propia y disciplina, que la oración es una acción en la que se planifica y persevera, que la oración es el arma para vencer las tentaciones, que la oración es el medio para experimentar la presencia de Dios y, que la razón por la que Dios nos dio el habla es para que hablemos con Dios en Oración.

PREGUNTAS PARA REFLEXIONAR

1. ¿Cuál es la razón principal del lenguaje?

   _____

   _____

   _____

   _____

2. ¿Qué papel tiene la santidad en la oración?

   _____

   _____

   _____

   _____

3. ¿Es una guía de oración importante sí o no y por qué?

   _____

   _____

   _____

   _____

4. ¿Como ayuda la oración en la tentación?

   _____

   _____

   _____

   _____

NOTAS PERSONALES

_____

_____

_____

_____

_____

_____

_____

_____

_____

_____

_____

_____

_____

_____

_____

_____

_____

_____

_____

_____

_____

CAPÍTULO 3

EN EL PRINCIPIO DIOS CREO LA ORACIÓN

CAPÍTULO 3

EN EL PRINCIPIO DIOS CREÓ LA ORACIÓN

Los relatos de la creación en Genesis nos presentan a Dios como creador de todas las cosas existentes, visibles e invisibles, pero en ocasiones se pasa por alto que Dios creo la comunicación.

La comunicación que los animales tienen con otros animales dentro y fuera de su especie, la comunicación de la naturaleza como el viento, el cielo, los astros para con la creación anunciando los cambios de estación, comunicando si habrá lluvia, sol, nevada, sequia, tormenta, u algún otro mensaje que la naturaleza comunica al mundo animal o a la humanidad.

> *La comunicación con Dios no siempre requiere palabras.*

La comunicación sin embargo no siempre requiere palabras, también existe la comunicación afectiva, donde las emociones juegan un papel comunicativo, donde el llanto puede comunicar tanto tristeza como alegría según el contexto, o donde la risa puede comunicar empatía al igual que burlas según el contexto.

La comunicación de las actitudes o de las acciones dicen mucho de una persona, y muchas veces es la forma en que se define cómo es alguien.

De igual manera Dios, estableció crear una forma de comunicación entre Él y su creación, esa comunicación por lo menos con los seres humanos se llama oración, y no importa que definición busquemos darle a la oración siempre tendrá que incluir la comunicación de Dios con la humanidad y esta comunicación es tanto verbal como no verbal.

En Genesis nosotros vemos a Dios hablando con Adán y Eva antes de la caída. Sin embargo, al ser expulsados la comunicación verbal cesa entre Dios y ellos. No obstante, Dios se siguió comunicando con ellos de manera no verbal a través de la creación como dijera el Salmista: *Los cielos cuentan su gloria, y el firmamento la obra de sus manos. Salmo 19:1.*

Dios nos comunica su amor para con toda la humanidad de diversas maneras: Haciendo salir el sol sobre buenos y malos *Mateo 5:45*, con su amor el cual existe para con nosotros aun cuando somos pecadores. *Romanos 5:8*, también Dios utiliza otras personas para hablarnos, *Hebreos 1:1*, e incluso utiliza ángeles, como se puede ver en toda la escritura desde Genesis a apocalipsis.

EL DIOS DE ISRAEL ES UN DIOS QUE SE COMUNICA.

Una de las características de Dios es que él es invisible *Colosenses 1:15*, y nadie lo ha visto jamás, Juan 1:18, Él no tiene forma humana, ni habita en templos humanos, *Hechos 17:24*. No obstante, la biblia utiliza lo que nosotros llamamos; antropomorfismos[1] para describir a Dios constantemente y relacionarlo con el ser humano como un paralelo en forma y esencia.

Por Ejemplo: El Dios de Israel tiene boca, Proverbios 2:6-7 tiene oídos, Salmo 34:15 manos, Isaías 59:1, pies, Salmo 110:1, ojos, Proverbios 15:3 y todos ellos son funcionales, a diferencia de los dioses de las demás naciones que tienen ojos y no ven, boca pero no hablan, pies mas no caminan.

El Dios de Israel es presentado como un ser funcional dentro de la comprensión humana y por consiguiente el ser humano puede activamente relacionarse con El, entenderlo y ser entendido.

El Dios de Israel también es descrito como un ser que tiene emociones por ejemplo: Dios Ama, *Juan 3:16;* Dios se enoja, Salmo 30:4; se alegra, Lucas 15:10 y busca pacientemente, 2 Pedro 3:9.

No debemos entender a Dios como un ser emocional, las emociones son volátiles o cambiantes y Dios es el mismo ayer, hoy y siempre.

---

[1] Los antropomorfismos son una figura de dicción de carácter metafórico donde se utiliza las características humanas para dar sentido a un aspecto del relato descriptivo de Dios, para que pueda ser comprendido por el ser humano. Sin embargo un antropomorfismo no debe de entenderse literalmente porque no necesariamente es así, por ejemplo el salmista dice en el Salmo 91:4 que Dios te cubre con sus plumas debajo de sus alas, y obviamente Dios no tiene plumas, sino que son meras metáforas o símiles como la usada por Jesús al decir que él quiso proteger a Israel *como* la gallina protege sus polluelos.

Sin embargo, no debemos de entender a Dios como un ser emocional[2] ya que las emociones son volátiles o cambiantes y Dios es el mismo ayer, hoy y siempre, Hebreos 13:8. Él no tiene ni sombra de variación, Santiago 1:17.

Lo que la escritura pretende enseñarnos no es como es Dios en un sentido pleno, ya que ni en la eternidad lo conoceremos en totalidad. Mas bien lo que la escritura intenta mostrarnos es como ese Dios desconocido, se identifica con nosotros y se comunica con la humanidad en sus propios términos con el fin de que el ser humano pueda conocerlo al tener una relación con El.

Aquellos que nos comunicamos con personas de diversos países sabemos que hay palabras que en un país significan una ofensa o incluso una vulgaridad mientras que en otros puede ser un halago.

La comunicación entonces para ser efectiva necesita llegar a ser contextual y ese es precisamente el caso de Dios, Él se contextualiza comunicativamente para que nosotros lo podamos entender. Dios

> *La oración no debe tener como intención manipular a Dios.*

se comunica de manera contextual con todo ser humano, de toda tribu, lengua o nación, de cualquier estrato social o nivel educacional.

Por consiguiente, la oración no debe tener como intención manipular a Dios, lo cual es imposible, porque él no es un ser emocional, la oración no busca cambiar los planes de Dios, o manipularlo emocionalmente, porque Dios no planifica como lo

---

[2] Para una mayor comprensión de esto se debe estudiar la impasibilidad de Dios y la pasibilidad de Dios dentro de lo que es el estudio de la persona de Dios, desafortunadamente no hay recursos en español sobre el tema a mi saber, excepto de manera muy generalizada dentro de algunos libros de Teología.

hacemos los humanos[3]. Debemos entender que cuando Dios cambia su plan en las escrituras las consecuencias son malas o las mismas.

Por ejemplo, anteriormente citamos a Moisés, este pide a Dios que si ha de destruir al pueblo de los hebreos lo destruya a él también y si bien eso no aconteció en el momento al final, los que salieron de Egipto junto con Moisés murieron sin entrar a la tierra prometida exceptuando a Josué y Caleb que eran de otro espíritu.

Cuando el rey Ezequías supo por medio del profeta que iba a morir, el oro para no morir y Dios se lo concedió pero sus años de vida fueron de grande sufrimiento como rey de Israel, 2 de Reyes 20.

El que Dios conceda nuestras peticiones no debe verse como la voluntad de Dios, muchas veces debe entenderse como que Dios nos deja al deseo de nuestro corazón, porque no queremos aceptar su voluntad. Esto no significa que hicimos cambiar de parecer a Dios, solo indica que él no nos obligó a hacer su voluntad y nos dejó hacer la nuestra aun cuando pensemos ingenuamente que Dios escucho nuestro clamor.

> *Debemos discernir si lo que se pedimos es lo que deseamos o lo que desea Dios.*

La oración por consiguiente debe de buscar discernir si lo que se pide es lo que deseamos o lo que desea Dios, es mi voluntad

---

[3] Lo que nosotros llamamos plan de Dios es más correcto llamarlo determinación, los seres humanos evalúan posibilidades y desarrollan estrategias incluso tiene plan A y plan B. Dios no tiene un plan B, el determina, no planifica, el concepto de planificación debe de entenderse como una contextualización del lenguaje divino para la comprensión humana.

disfrazada de espiritualidad o, es realmente el Espíritu Santo guiándome a pedir.

Porque ¿Qué hemos de pedir como convine? No lo sabemos, pero el Espíritu si lo sabe, Romanos 8:26. Recordemos que el corazón humano es muy engañoso. Y aun se puede tener apariencia de piedad incluso delante de Dios y negar la eficacia de ella, *2Timoteo 3:5*. Por esta razón, necesitamos aprender a escuchar la voz de Dios en oración para evitar pedir solo con nuestra voz.

Así que, el que Dios nos otorgue el privilegio de poder comunicarnos con Él, no significa que podamos ser igualados, en mi vida he escuchado a muchas personas tanto pastores, como apóstoles y profetas decir que cuando oras debes de ordenarle a Dios, debes de acorralar a Dios para que el haga lo que tú dices. Si Dios debe hacer lo que tú quieres entonces tu eres Dios y no Él.

La oración debe de buscar su voluntad, la comunicación con Dios tiene solo un propósito: *Saber qué es lo que Dios espera de ti para poder hacerlo.* Cuando Dios habla tu respondes: Heme aquí, Señor, hágase conmigo conforme está escrito Isaías 6:8. En nuestro contexto seria: hágase conmigo conforme sea tu voluntad para la cual fui creado/a.

Jesús dijo en repetidas ocasiones que él solo hacia la voluntad de su padre y no la suya propia. Una persona de oración que ha llegado a conocer a Dios sabe claramente que su propósito existencial es la obediencia a Dios, y no la lealtad a sí mismo, ya que lo primero que Jesús pide para ser discípulo es una renuncia personal. *Marcos 8:34-36.*

Siempre que fallemos en entender este principio sufriremos las consecuencias, no solo en nuestra vida espiritual, sino también, en la vida cotidiana. Talvez las cosas vayan bien por un tiempo pero eventualmente todo se derrumbará.

En mi vida he visto a muchas personas autoproclamarse pastores y dividir iglesias, muchas veces parece que son un éxito, pero conforme pasa el tiempo, llegan divisiones en las iglesias que ellos pastorean, porque, todo lo que se siembra se cosecha. En ocasiones incluso pareciera una plaga donde hay división tras división y eso es debido a que pensaron que estaban haciendo la voluntad de Dios cuando en realidad solo fueron instrumentos de Satanás.

Tales personas confundieron la voluntad de Dios y oraron para ver si "pastoreaban la nueva iglesia" pero en su corazón ya lo tenían decidido, no estaban buscando la voluntad de Dios, antes bien lo que buscaban era que Dios no les estorbara en sus propósitos.

Desafortunadamente ni siquiera se dieron cuenta de lo mal que estaban y el mal que estaban haciendo y mientras no se den cuenta y se arrepientan genuinamente todo seguirá igual.

Algunos de ellos sí llegan a darse cuenta, pero saben (*algunos de ellos*) que deben dejar de pastorear, y por no querer hacerlo debido a que ello les da un aporte financiero o un prestigio en la sociedad, prefieren continuar con una iglesia que siempre sufrirá divisiones en lugar de humillarse ante Dios y a veces ante los hombres.

LAS ORACIONES EN GENESIS

La oración en Génesis al igual que hoy, siempre inicia con Dios hablando al hombre. Dios busco a Adán y Eva incluso después de pecar y le llamo, el hombre en pecado no quiere buscar a Dios ni tampoco puede. *No podere no pecare* [4].

Cuando vemos el caso de Abram quien se convertiría en Abraham vemos que fue Dios quien lo llamo, lo mismo con Noe, Moisés o Jacob, por mencionar a algunos y todos ellos se convirtieron en intercesores, en personas de oración.

Pero todos ellos fueron llamados por Dios, nadie lo hizo por iniciativa propia. Algunos de ellos incluso eran practicantes de otras tradiciones religiosas no obstante de ahí los llamo Dios para que formaran parte de su pueblo.

Por lo tanto, cuando nosotros pensamos en si podemos ser hombres y mujeres de oración debemos de hacernos unas preguntas claras y contundentes ¿Me llamo Dios a ser parte de su pueblo? ¿Soy realmente una persona convertida? El cómo respondamos a ello determinara mucho nuestra vida de oración, por que una persona de fe se sostiene viendo al invisible. *Hebreos 11:27,* solo por la convicción de su llamamiento.

La convicción de nuestro llamamiento no debe de percibirse como una mera convicción personal, o una actividad mental, la biblia dice que el Espíritu dice a nuestro espíritu que somos hijos de Dios. *Romanos 8:16.* En este sentido, la convicción de que somo salvos es algo que Dios deposita en el corazón, no obstante a veces la falta de discernimiento no nos permite tener esa seguridad y para ello tenemos lo que llamare la evidencia inicial de que somos salvos según el pensamiento del apóstol Pablo:

---

[4] *No podere no pecare* significa sin poder para no pecar, esa es lamentablemente la condición humana sin Cristo. Por esta razón Dios es el que llama al hombre al arrepentimiento por medio de Jesucristo como prerrequisito para la comunión con El.

Mas ahora que habéis sido salvos tenéis por vuestro fruto la santificación y como fin la vida eterna, Romanos 6:22

El primer pasaje presenta que la salvación es un acto sobrenatural, Dios es el autor de ella, y que la convicción de la salvación debería ser reafirmada en la comunión con Dios.

Esto significa que la falta de oración no nos permite estar seguros de que somos salvos y que una vida de oración continua nos da la sensibilidad de escuchar la voz de Dios (audible o inaudible) que nos dice: *Este es mi hijo/a Amado/a en quien tengo complacencia. Lucas 3:22.* Por consiguiente, se debe entender que la oración viene a ser un medio de reafirmación de nuestra posición en Cristo.

El segundo pasaje presenta que la salvación se evidencia no necesariamente escuchando la voz de Dios, si no como Jesús declaro: el árbol se conoce por sus frutos. *Lucas 6:42-45.* Y el fruto de la experiencia de la salvación es la santificación, una persona salva experimenta de manera natural al momento de su conversión el deseo innato[5] de consagrarse, Si bien este deseo puede ser opacado con el paso del tiempo por los espinos de este mundo. *Lucas 8:4-15*, esto no implica que no se experimentó la salvación. Mas bien indica que se ha descuidado. Por eso el apóstol ordena que nos ocupemos de nuestra salvación. Filipenses 2:12-13

La salvación, aun cuando es por gracia, o como dijeren los reformadores, solo por fe, solo por gracia, que son dos de las cinco Solas de la Reforma, no implica la inexistencia de obras, y aquí de

---

[5] El decir innato no nos referimos a que una persona nace así humanamente hablando sino que a partir del nuevo nacimiento se obtiene una nueva naturaleza y la santificación es un deseo innato a partir de ese nuevo nacimiento.

lo que hablamos es de las obras de la fe, y las obras de la fe son los frutos del Espíritu, que son:

Amor, gozo, paz, paciencia, benignidad, bondad, fe, mansedumbre y templanza. Gálatas 5:23-24

Así que la salvación se evidencia primero internamente o individualmente: a través de una paz interna, una felicidad inmediata y dominio propio. La segunda evidencia de la salvación es manifestada externamente o socialmente: bondad, mansedumbre y templanza. Por eso Santiago decía: *muéstrame tu fe sin tus obras y yo te mostrare mi fe por mis obras, Santiago 2:18,* porque la fe se evidencia por sí misma en la persona que la posee tanto de manera interna como externa. La salvación por consiguiente es reafirmada a través de la oración y a través del testimonio.

EL DIOS QUE SE DEJA CONOCER PARA NUESTRO CRECIMIENTO ESPIRITUAL.

Los siguiente pasajes nos muestran el carácter antropológico que utiliza la biblia hebrea para describir a Dios como un ser que se relaciona e identifica con nosotros.

Los ojos de Jehová están sobre los justos y su oídos atentos a su clamor. Salmo 34:15.

Este pasaje señala que la atención de Jehová es para los que actúan con rectitud, con integridad y con justicia. La persona que ora debe de tener por entendido que Dios oirá nuestro clamor solo cuando existe en nosotros una genuina transformación que se manifiesta en nuestro diario vivir, he conocido a muchas personas que se casan con alguien con hijos previos y al tener un hijo propio desprecian al hijo ajeno y eso es obrar con injusticia.

La justicia es equitativa y no hace diferencias, la biblia dice que Dios hace salir el sol sobre buenos y malos, Mateo 5:45, porque Dios es justo. Cuando vemos el derramamiento del Espíritu Santo en la casa de Cornelio, Pedro declaro que Dios no hace diferencia de personas. *Hechos 10:44-11:18,* porque Dios es justo y El actúa con equidad en la indistinción de personas.

El Profeta declaro que Dios le mostro lo que él esperaba de él y ello era ser justo. *Miqueas 6:8.* La justicia no debe de entenderse solo en términos legales sino en el fomentar y practicar relaciones equitativas.

La verdadera espiritualidad no fomenta el separatismo ni el exclusivismo, sino que es incluyente desde una *praxis* integral. Solo cuando esta *praxis* es algo vivencial en el creyente, su oración podrá tener valor.

La verdadera espiritualidad fomenta el llegar a ser más humano, el identificarnos con todos en su alegrías y en sus penas, Romanos 12:15. La verdadera espiritualidad ora por los enemigos porque entiende que no saben lo que hacen. *Lucas 23:34*

La verdadera espiritualidad es abnegada, todo lo sufre, todo lo espera todo lo soporta, no busca lo suyo sino lo que es de otros. *1 Corintios 13.*

La verdadera espiritualidad entonces hace justicia pero no en el sentido legal como nosotros comúnmente utilizamos la palabra sino en su esencia. Se hace justicia al carácter de Dios, y lo revela a través de la vida de aquel que le sirve.

Solo cuando la justicia forma parte de nuestra naturaleza podemos ser verdaderos intercesores por que buscamos el bien de otros sin acepción de personas, sin prejuicios ni denigraciones.

Jesús oro por los leprosos cuando nadie quería ni acercarse a ellos cuando todos los veían como seres inmundos desechados por Dios, Jesús los vió como seres marginados por una sociedad carente de la comprensión del amor incondicional de Dios.

La verdadera espiritualidad no desprecia a los enfermos ni siente repugnancia por ellos. En cierta ocasión una asistente de la princesa Diana al ver a la madre Teresa de Calcuta bañando a un leproso le dijo: ¡Yo ni por un millón de dólares bañaría a un leproso! La madre Teresa le contesto; Yo tampoco, a un leproso se le baña por amor no por dinero.

La verdadera espiritualidad es aquella que puede ver la imagen de Dios en todo ser humano y es conmovido a misericordia, la verdadera espiritualidad se manifiesta cuando vas manejando y al ver un accidente, empiezas a orar por los involucrados para que estén bien y para que puedan conocer del Señor y no tengan que morir sin hacerlo.

CONCLUSIÓN

La oración es iniciada por Dios y es uno de los medios por los cuales Dios reafirma la salvación de su pueblo, la práctica de la oración debe ser ejecutada en la búsqueda de su voluntad en un acto de rendición y auto despojo de intereses personales, la verdadera oración en el espíritu es la que le dice a Dios: Yo quiero lo que quieras tú, lo que tú me pidas eso hare.

PREGUNTAS PARA REFLEXIONAR

1. ¿Cómo se comunica Dios con nosotros?

   _____

   _____

   _____

   _____

2. ¿Por qué no debemos intentar manipular a Dios en oración?

   _____

   _____

   _____

   _____

3. ¿Es siempre la oración contestada, la voluntad de Dios?

   _____

   _____

   _____

   _____

4. ¿Qué es la verdadera espiritualidad?

   _____

   _____

   _____

   _____

NOTAS PERSONALES

CAPÍTULO 4

ENEMIGOS DEL SILENCIO

CAPÍTULO 4

ENEMIGOS DEL SILENCIO

Enemigos del Silencio era un grupo de rock en español en los noventa, el nombre de este gusto mucho porque inspiraba rebeldía en una juventud que proclamaba independencia, con este nombre el grupo enviaba un mensaje claro y contundente el mensaje era la indisposición de escuchar a alguien más y de hacer lo que bien le pareciera.

ESCUCHANDO LA VOZ DE DIOS

El creer que Dios habla hoy es sin lugar a duda algo que genera gran escepticismo en la iglesia tradicional, no fue hasta el surgimiento del pentecostalismo hace poco más de un siglo que el interés por lo sobrenatural en la Iglesia retomo importancia, si bien, las manifestaciones del Espíritu como el hablar en lenguas, el echar fuera demonios, las sanidades divinas fueron cuestionadas y criticadas por muchos sectores del evangelicalismo en ese entonces como hasta hoy, las declaraciones de personas que dicen

Dios me hablo y el ministerio profético han sido sin duda los más cuestionados.

Lo interesante de esto es que la Escritura es clara al decir: Dios es el mismo, ayer, hoy y por los siglos ¿Por qué entonces el cuestionamiento? ¿acaso Dios ha decidido guardar silencio? Y si Dios sigue hablando ¿acaso no es la Biblia suficiente para conocer lo que Dios quiere? Ambas preguntas son suficientes para la creación de otro libro así que no intentaremos responderlas exhaustivamente, más bien, intentaremos esclarecer como es que Dios habla, y como la contemplación en la oración juega un papel importante para ello.

LA CONTEMPLACIÓN Y EL DISCERNIMIENTO EN LA ORACIÓN

Una de las mayores problemáticas en la oración en la Iglesia actual es la carencia de la práctica de la contemplación, por contemplación no me refiero a quedarnos viendo fijamente un objeto, o la foto de la novia o el novio, más bien la contemplación debe de entenderse como el guardar silencio en la oración para que Dios hable y nosotros le escuchemos.

El silenció en la oración sin embargo no se refiere a un silenció verbal aun cuando este está incluido, más bien me refiero a un silencio mental para poder escuchar la voz de Dios.

> *La Iglesia necesita practicar la oración contemplativa.*

Cuando hablo de un silencio mental no debemos entender que debemos poner la mente en blanco como los practicantes de la

Nueva Era previo a entrar en un trance exitico, más bien, a callar nuestras distracciones mentales como preocupaciones, recuerdos y pensamientos propios.

La contemplación tiene como acción inicial el callar nuestra mente pero seguir siendo racional sin ejercer el raciocinio en el momento de la contemplación pero si con la accesibilidad de poder ejercerlo en el momento de escuchar la voz de Dios.

Por escuchar la voz de Dios debemos entender una voz interna y no necesariamente audible, aun cuando Dios también habla ocasionalmente de forma audible. Sin embargo, en mi experiencia y la de muchos consiervos no es la norma.

Normalmente la voz de Dios viene a través de pensamientos espontáneos, visiones e incluso sueños, pero raramente a través de una voz audible. El pensamiento espontaneo es el que es más aplicable y común en la contemplación.

Muchas personas tienen miedo a guardar silencio ante Dios por qué piensan que sus propias ideas o incluso Satanás y sus demonios serán los que les hablen y los desvíen. Pero los tales fallan en entender que la voz de Dios se puede reconocer y hay varias formas de hacerlo.

I. La biblia es la palabra de Dios

Una de las cosas más importantes que debemos de tener en cuenta para saber si el que nos hablo es Dios o si fueron nuestros propios pensamientos o un demonio, es analizar si lo que escuchamos contradice la palabra de Dios interpretada correctamente.

Desafortunadamente, los creyentes de hoy en día no conocen la escritura, una gran mayoría nunca han leído la biblia entera ni una sola vez, por consiguiente si llegaran a escuchar la voz de Dios la atribuirán a sus propios pensamientos o atribuirán a sus pensamientos la voz de Dios o incluso pueden llegar a pensar que sus pensamientos son la voz del diablo o incluso confundir la voz de Dios con la voz del diablo porque no conocen la escritura y no tiene un marco de referencia apropiado.

El segundo problema es que muchos creyentes en la actualidad aun cuando conocen las escritura a un grado aceptable jamás tomaron un curso de interpretación básica o leído un libro al respecto. Así que, si la voz que escuchan parece tener sentido aun cuando no sea Dios el que está hablando, fácilmente se la atribuirán a Él.

Debemos entender que Satanás hablo con Jesús citando la Escritura y que fue la comprensión hermenéutica[6] la que le permitió desechar lo que el Satanás le pedía que hiciera. Si hemos de iniciarnos en la contemplación, entonces, debemos en conocer las escrituras y obtener el conocimiento para poder interpretarla correctamente.

Algunos preferirán quedarse sin escuchar la voz de Dios que consagrarse.

Sin embargo algunos que leen este libro preferirán quedarse sin escuchar la voz de Dios que consagrarse, y dedicarse al estudio serio de las Escrituras. Desafortunadamente, al igual que en los tiempos bíblicos muchos hoy en día no quisieron escuchar la voz de Dios.

---

[6] La Hermenéutica es un sistema para poder interpretar correctamente un texto en su contexto o un discurso. La hermenéutica es una ciencia universal y la hermenéutica bíblica es la que se dedica a la interpretación de las escrituras.

Por ejemplo;

En Deuteronomio cinco Dios habla por medio de Moisés pero la intención de Dios era el hablar con todo el pueblo, el pueblo de los hebreos tuvo miedo y dijeron a Moisés; tu habla con Dios y dinos lo que Él quiere que hagamos y lo haremos.

Lamentablemente el miedo a consagrarse es el principal obstáculo para escuchar la voz de Dios, la gente prefiere en muchas ocasiones que Dios les hable por medio de alguien más, de su pastor, de sus lideres, de un evangelista, y viven deseando que Dios les hable pero no quieren consagrarse para que Dios hable con ellos cara a cara.

Los israelitas prefirieron la ley que la relación con Dios ellos prefirieron que se les diera un set de normas a seguir que tener una relación personal con Dios. Y así hay muchos hoy en día quieren que el pastor les diga que hacer en lugar de ser guiados directamente por Dios, prefieren una orden de sus lideres que una relación con Dios cara a cara.

Así muchos preferirán no leer la biblia completa varias veces y no saber cómo interpretarla correctamente para iniciar una relación con Dios cara a cara por miedo. Algunos se escusan incluso con la misma biblia citando: *Al que más sabe más se le demanda, Lucas 12:48.* Para ocultar su falta de

> *Debes aprender a escuchar la voz de Dios directamente y no siempre con intermediarios.*

consagración por el temor que hay en ellos. Cuando Jesús claramente expreso; *Y esta es la voluntad de Dios que te conozcan a ti y a tu hijo que has enviado, Juan 17:3.*

Así que el que quiere hacer la voluntad de Dios debe de conocerle cara a cara, debe aprender a escuchar la voz de Dios directamente, y no siempre con intermediarios.

Jesús es un claro paradigma de lo que Dios espera de nosotros. Primero el apóstol Pablo declara que Jesús se despojó a sí mismo, tomando forma de siervo y estando en la condición de Siervo fue obediente hasta la muerte y muerte de Cruz. *Filipenses 2:5-8.*

Debemos notar que la obediencia de Jesús no fue una obediencia a la ley sino al Padre Jesús declara en repetidas ocasiones que el hijo no hace nada que el Padre no le pidiese, por ejemplo *Juan 8:23-29,* Jesús es nuestro paradigma porque Pablo también dice en el pasaje citado con anterioridad.

Haya pues en vosotros el mismo sentir que hubo en Cristo Jesús. Filipenses 2:5.

Para Pablo, Cristo se convirtió en el modelo a imitar y declaro:

... Y vivo no más yo más Cristo vivo en mí, y la vida que ahora vivo en la carne la vivo en obediencia al hijo de Dios el cual me amo y se entregó a si mismo por mí. Gálatas 2:20

y añade posteriormente:

sed imitadores de mi como yo soy de Cristo.Filipenses 3:17

En conclusión es posible y necesario vivir una vida de total renunciación donde se viva solo en obediencia a la voz de Dios desafortunadamente muy pocos están dispuestos a pagar el precio de este llamamiento. Pero solo entonces estaremos listos para la contemplación y poder así escuchar la voz de Dios porque sin Cruz no hay gloria.

II.   El discernimiento debe de ejercitarse

El apóstol Pablo declara que el discernimiento se ejercita y se fortalece. *Hebreos 5:14* Al principio es difícil distinguir nuestros pensamientos de la voz de Dios, incluso de la voz del enemigo y más aún cuando la voz es el inicio de una visión, ya que muchas visiones primero inicia con palabras antes de que se presente la imagen de forma externa o de forma interna porque las visiones pueden ser visibles solo en nuestro interior o visibles exteriormente aun cuando el único que puede verla es el que la experimenta.

Las visiones al igual que la voz de Dios requieren discernimiento. Sin duda, algunas dan miedo, aun cuando son de Dios, porque son desconocidas por nosotros. Sin embargo, con el tiempo y la experiencia continua, el miedo desaparece, y se pueden analizar cuidadosamente y escuchar el significado o propósito de ellas.

No obstante en la contemplación se experimenta más la voz de Dios que las visiones. Pero estas últimas son muy recurrentes, ya que la contemplación a aun cuando esta llega a entrenarte para escuchar la voz de Dios no siempre lo que Dios habla es para ti y es ahí cuando surge el ministerio profético.

Cabe aclara que el ministerio profético no es igual al del sentido bíblico canónico[7], el sentido canónico es el que tenía un mensaje universal que sirvió como paradigma a generaciones venideras y fue registrado en las Escrituras como palabra de Dios en su desarrollo del plan de redención.

---

[7] Por canónico o canon, me refiero a los sesenta y seis libros que componen las Escrituras.

La profecía actual es de un carácter individual, sin trascendencia universal. Y aun cuando es palabra de Dios, es una palabra limitada exclusivamente al receptor inmediato del mensaje profético y no es para la iglesia universal, ni tiene como intención convertirse en un modelo eclesial. Tal modelo esta ya establecido en las Escrituras, por consiguiente, la profecía contemporánea se ciñe al modelo canónico.

La contemplación por consiguiente propone el ejercicio del discernimiento, interesantemente al ejercer la contemplación el discernimiento se expande a otras esferas fuera de la oración, por ejemplo; uno puede leer los pensamientos e intenciones de otras personas con claridad aun cuando con sus labios te estén diciendo algo distinto.

Mas Jesús conocía los pensamientos de ellos. Lucas 11:17.

El ejercicio del discernimiento en la contemplación sin lugar a duda será de gran utilidad en el ministerio, ya que también uno discierne si el que está hablando contigo es una persona o es Satanás por medio de este, tal y como fue el caso de Jesús con Pedro.

Apártate de mí Satanás, Mateo 16:23.

No obstante sin discernimiento podemos ser engañados fácilmente por Satanás por ejemplo: el espíritu de engaño en los reyes.

Otro caso interesante de carencia de discernimiento es el caso de Judas, la biblia nos dice que Satanás entro en él. *Juan 13:26-27*

Sin embargo Judas pensaba que a Jesús no le pasaría nada el no creía que Jesús seria asesinado ya que el intento devolver el dinero para que lo liberaran. Sin lugar a duda Satanás utilizo la ambición de Judas como un medio para engañarlo ya que la biblia nos declara que Judas robaba dinero de las ofrendas otorgadas para el ministerio de Jesús. *Juan 12:4-6*

Así que podemos deducir por el carácter implícito de la historia de Judas que Satanás le hizo creer que sería una forma fácil de ganar un dinero extra, y que no habría ninguna repercusión por ello.

Sin lugar a duda Judas no discernió la intencionalidad de Satanás por la avaricia de su corazón, porque para poder desarrollar el discernimiento es menester la renunciación a los intereses propios y buscar lo que es de Dios.

Desafortunadamente la historia de Judas va más allá, y Satanás lo incito al suicidio, como una solución o enmienda por su error, porque Satanás vino a matar, robar y destruir. También podemos ver el caso del joven endemoniado al que Satanás arrojaba al fuego y también al agua para matarlo. *Marcos 9:20-22*

También vemos el caso del endemoniado gadareno que se golpeaba a sí mismo para infringirse daños corporales que en conclusión eran intentos suicidas. *Marcos 5:2-5*

Estos pasajes nos muestran que el suicidio es algo motivado por fuerzas demoniacas y recordemos que Judas estaba poseído o por lo menos estaba siendo influenciado por Satanás internamente según el texto bíblico que fue citado previamente.

Por consiguiente, la traición a Jesús efectuada por Judas y su suicidio, se realizó debido a su carencia de discernimiento entre su voz interior y la voz de Satanás, pero sobre todo por no conocer la voz de Dios.

CONCLUSIÓN

La voz de Dios es algo que se reconoce con la experiencia y en ocasiones la falta de experiencia nos puede llevar a confundirla con nuestros pensamientos y deseos personales, la contemplación es una buena forma de buscar iniciarnos en el encuentro cara a cara con Dios pero cuando escuchemos la voz de Dios es bueno recurrir a personas más experimentadas, como lo hiciere el joven Samuel con el sacerdote Eli ya que Samuel confundió la voz de Eli con la de Dios pero Eli como hombre de experiencia en el ministerio supo discernir que era Dios quien le hablaba a Samuel, y le dijo que responder para que este pudiere recibir una mayor revelación de parte de Dios y así fue.

PREGUNTAS PARA REFLEXIONAR

1. ¿Qué es la oración contemplativa?

_____
_____
_____
_____

2. ¿Cómo podemos escuchar la voz de Dios?

_____
_____
_____
_____

3. ¿Cuál es la diferencia entre los profetas bíblicos y los profetas actuales?

_____
_____
_____
_____

4. ¿Como se ejercita el discernimiento?

_____
_____
_____

NOTAS PERSONALES

CAPÍTULO 5

LA ORACIÓN: UNA COSMOVISIÓN

CAPÍTULO 5

LA ORACIÓN: UNA COSMOVISIÓN

La palabra cosmovisión puede ser vista como *perspectiva* o *visión global*, sin embargo la palabra cosmovisión es la palabra más técnica y esa será la que usaremos aquí.

En este capítulo ofreceremos una perspectiva de lo que es la oración en sus diferentes niveles a fin de que entendamos algunos principios que deben considerarse.

LA ORACIÓN DEBE DE ENTENDERSE EN NIVELES

Hay por lo menos cuatro niveles prácticos en el desenlace de la oración claramente evidenciado por la escritura y la experiencia y ellos son:

    a. El nivel principiante, la oración generalizada.
    b. El nivel clamor, la oración apasionada.
    c. El Nivel del gemir, la oración en el Espíritu.
    d. El Nivel intercesión, la oración de guerra.

I.   El nivel principiante, la oración generalizada.

Este nivel de oración es el nivel de todo recién convertido y el nivel de todos aquellos que no han crecido en la práctica de la oración como una disciplina que requiere muchas horas de practica y estudio.

La oración generalizada no es una oración realmente objetiva es en realidad una oración muy similar al rezo en su consistencia repetitiva, como mencionamos detalladamente en el capítulo uno. La oración generalizada es más una oración cognitiva más no académica, espiritual más no necesariamente mística, la oración generalizada es una oración que se fundamente en lo visible, pero no valora el mundo invisible como algo de vital importancia y aun cuando cree en él, no es necesariamente algo relevante ni mucho menos trascendental.

Desafortunadamente la mayoría de los creyentes en todas las denominaciones, incluyendo pentecostales están en este nivel, y logran salir de este, pero solo momentáneamente, para pasar del nivel uno al nivel dos que es la oración apasionada. Desafortunadamente al paso del tiempo la mayoría regresa a la comodidad de su hábitat.

II.   El nivel clamor, la oración apasionada

Clama a mí y yo te responderé. Jeremías 33:3. Es sin duda uno de los pasajes más citados, sino es que el más citado en las iglesias pentecostales cuando se habla sobre la oración, el carácter eufórico en los cultos de oración pentecostal es sencillamente sorprendente, no obstante, euforia no significa eficacia, la euforia hace ruido pero sin sentido. Es como escuchar a *Bad Bunny* cantar frente a Don Francisco, hay ruido pero no hay sentido, puede ser incluso pegajoso, pero no tiene esencia.

> *La oración de clamor surge como una carga emocional que compele al orante a pedir a Dios desesperadamente.*

El clamor en cambio es ruidoso pero claro, es ruidoso pero con sentido, el clamor debe de utilizar los principios de planificación establecidos en el capítulo dos y claramente ejemplificados en el modelo de la guía de oración presentado en dicho capítulo.

La oración de clamor surge como una carga emocional que compele profundamente al orante a pedir a Dios desesperadamente. La oración de clamor puede surgir como resultado de una enfermedad, una tragedia, pérdidas financieras u otras cosas que afectan en gran manera la vida individual familiar o social del peticionario, el estrés que esto produce impulsa al orador u oradora al borde de la desesperación, y es entonces, que surge el clamor.

Lo interesante de esto es que Dios espera que clamemos a Él. Esto es, que exista en nosotros un deseo desesperante al acercarnos a Él en búsqueda de una respuesta. Sin duda el rey David estaba describiendo su experiencia de la oración de clamor cuando dijo: Como el siervo brama por las aguas a si clama mi alma a ti ¡Oh, Jehová! *Salmo 42:1.*

Debido al naturaleza del Genesis de la oración de clamor es común que muchos vuelvan a una oración generalizada una vez que obtiene lo que buscaban, el libro de los Jueces es un ejemplo claro de ello, Israel era destruido y clamaron para su liberación pero tan pronto Dios los liberaba ellos volvían a alejarse de Dios y siete veces en ese libro fueron afligidos, clamaron, fueron liberados y volvieron atrás.

III.   El nivel del gemir, la oración en el Espíritu

La diferencia de la oración de clamor que es una oración apasionada, a la oración del gemir es esta última es una experiencia desgarradora al grado que te deja sin palabras.

El tercer nivel es de ligas mayores como dijeran los beisbolistas, o de alto calibre como dijeran los amantes de las armas. Este nivel es cuando estando en el nivel del clamor, y aun cuando acaben tus problemas no vuelves atrás, antes bien adoptas como problema personal los intereses de Dios.

La Oración en el Espíritu es cuando adoptas como tu problema los intereses de Dios.

En este nivel la oración forma parte intrínseca de tu vida y es casi imposible diluirla o extinguirla. La oración en este nivel es tal que el que ora ya no usa palabras, sino que su oración es formulada en lo más profundo de su ser, y no existe vocabulario humano adecuado para expresarlo ni mente que pueda articularlo.

Es en este nivel donde sucede una acción sobrenatural, llegamos a ser uno con Dios en espíritu y estamos en tal sintonía que lo que la gente pudiera escuchar como gemidos para Dios son lenguas angelicales. Solo entonces podemos estar listos para pasar al próximo nivel de oración.

a. El nivel intercesión, la oración de Guerra

La oración de intercesión es la oración de guerra de estar cara a cara con Dios pasamos a estar frente a frente con el Diablo y sus huestes de maldad.

> *En la Oración de intercesión, es pasar de estar cara a cara con Dios a estar frente a frente con el Diablo y sus huestes de maldad.*

La oración de intercesión es una oración caracterizada por la búsqueda del establecimiento del reino de Dios en la tierra, cuando se llega a este nivel el intercesor se ha identificado plenamente con la *Kénosis*[8], es cuando el intercesor se ha convertido en un verdadero discípulo que toma la Cruz y se niega a sí mismo.

La oración en este nivel no tiene cabida para intereses personales y aun cuando se ora por sí mismo se hace con la intención de que la respuesta glorifique a Dios aun cuando esta no sea agradable.

> *La oración intercesora es entonces una oración centrifuga que busca el establecimiento del reino de Dios en la tierra.*

La oración intercesora es entonces una oración centrifuga que busca el establecimiento del reino de Dios en la tierra. Si bien la oración en este nivel es más amplia no por ello excluye la oración por individuos.

---

[8] La *kénosis* es un término griego que significa vaciamiento o despojamiento, el termino es utilizado en Filipenses para referirse a el auto despojo de Cristo de su gloria celestial para humanizarse y morir en la cruz por nuestros pecados.

En este nivel es de vital importancia el estudio de lo que llamare: *La geografía del mal,* mejor conocida como cartografía espiritual[9]. Debemos entender que hay niveles dentro de la oración intercesora, existen intercesores limitados por falta de guianza y entrenamiento a expandir su alcance ministerial y solo interceden por la iglesia local y su círculo de conocidos.

También, existen intercesores que se limitan a su ciudad cuando se pudieran expandir a Naciones, no obstante todos ellos son necesarios pero el primer nivel del ministerio de intercesión necesita guianza para crecer por lo menos a nivel ciudad.

El estudio de *la geografía del mal* consiste en el análisis social, político y religioso que aflige una región a fin de poder identificar cuáles son los espíritus que afligen y controlan esa ciudad, estado, región o país.

Por ejemplo; La ciudad X en el estado Y del país Z mantiene una alta taza de prostitución, en apariencia podríamos decir que lo que aflige la ciudad es el Espíritu de Jezabel. Sin embargo no es tan fácil como eso, la pregunta es ¿Cuál es la causa?

Por ejemplo en países como Bangkok u otros países en Europa que son considerados como las principales capitales de prostitución global, sin una gran mayoría es forzada por grupos delictivos en lo que se conoce como *Trata de Blancas*[10]*,* en estos casos, no es el espíritu de Jezabel sino es un espíritu de *Mamón*[11]*,*

---

[9] Término acuñado por George Otis Jr. en los años noventa.

[10] La trata de blancas es un término utilizado para hablar de personas que secuestran y/o amenazan a personas para prostituirse o matan a su familia y a ellos si no lo hacen.

[11] El termino *Mamón* es utilizado en las escrituras para referirse al dios del dinero, y el espíritu de *Mamón* es cuando una persona es influenciada por el espíritu de *Mamón* para hacer cualquier cosa por él. Y que aun cuando ya pueda tener mucho dinero nunca se sacia de obtenerlo y cada vez es más cruel y despiadado con tal de seguir adquiriéndolo.

por consiguiente el estudio de *la geografía del mal,* es como un examen médico. Lo que un médico hace es ver los síntomas, y consecuencias. Pero solo puede curar cuando encuentra la causa de esos síntomas o reacciones producidas en el enfermo.

El estudio de *la geografía del mal* busca descubrir la causa no solo los síntomas. Para esto se requiere un estudio que en ocasiones puede ser exhaustivo en ocasiones puede ser fácil de averiguar pero pensando que es exhaustivo generemos un ejemplo: La ciudad X en el Estado Y del país Z se sufre un alto índice de suicidios en la juventud. Se necesita saber que lo provoca y para ello es necesario hacer un estudio sociológico que implica un análisis de los aspectos sociales, culturales y religiosos, es importante analizar el nivel económico de los que se suicidan y el estatus matrimonial de los padre para ver si los jóvenes que se suicidan son hijos de padres divorciados o casados. Si son separados podemos investigar más las causa de divorcio para ver la raíz del problema pero si son casados entonces la línea de investigación debe seguir otro camino. Hasta encontrar el núcleo del asunto.

Una vez encontrado la causa nuclear podremos saber a qué espíritu o espíritus nos enfrentamos y solo entonces podremos interceder eficazmente. Al no saber cuál es la causa nuclear seremos como el medico que solo da *Tylenol* para todo pero nunca curara la enfermedad tan solo la maquilla.

PREGUNTAS PARA REFLEXIONAR

1. ¿Cuántos niveles tiene la oración y cuáles son?

   _____

   _____

   _____

   _____

2. ¿Piensa usted que existe otro nivel de oración y cuál sería?

   _____

   _____

   _____

   _____

3. ¿Como describiría el nivel de gemir en la oración?

   _____

   _____

   _____

   _____

4. ¿Qué es la *geografía del mal* y por qué es importante?

   _____

   _____

   _____

   _____

NOTAS PERSONALES

CAPÍTULO 6

LA ORACIÓN DE MADRUGADA

CAPÍTULO 6

LA ORACIÓN DE MADRUGADA

Sin duda alguna el Salmo 63:1 fue muy popularizado en los noventas por Marcos Witt, al igual que la oración de madrugada, los pentecostales en los ochentas-noventas en todo el mundo vimos grandes avivamientos, muchos evangelistas y pastores se levantaron para ejercer el ministerio, los años ochenta-noventas trajo consigo un fenómeno de plantación de iglesias sin precedentes y también trajo consigo el fenómeno de las mega – iglesias, para principios de esta década Paul Yonggi Cho contaba con la iglesia más grande del mundo y ¡Si! era una iglesia pentecostal, una iglesia que tenía oración las veinticuatro horas del día con conversiones de 10,000 personas por mes.

Evangelistas como Yiye Ávila y Josué Yrion llenaban Estadios en los Estados Unidos donde se convertían personas por centenares cada día, y ambos evangelistas mencionaban constantemente en sus predicas y enseñanzas el poder del ayuno y el poder de la oración.

Los grandes avivamientos siempre han sido precedidos por oración, el primer avivamiento de la Iglesia registrado en el libro de los Hechos nació el día de Pentecostés, y este avivamiento fue precedido por diez días de oración en una reunión de ciento veinte personas. Interesantemente en el primer sermón después de diez días de oración se convirtieron tres mil almas.

Las vigilias de oración, las caminatas de oración y el evangelismo en las calles y casa por casa era practicado de forma masiva por los creyentes que creían y practicaban la oración de poder. Los pastores practicaban y enseñaban la importancia de la oración de madrugada casi todos en las congregación nos levantábamos entre las tres y cinco de la madrugada a orar e interceder por la iglesia su liderazgo y los perdidos.

La oración de madrugada trajo grandes avivamientos pero también grandes batallas espirituales, las manifestaciones demoniacas y la expulsión de demonios era algo común, ministerios como el de Carlos Anacondia eran exclusivos para la expulsión de demonios pero tales ministerios contaban con un gran equipo de intercesión en todo tiempo.

Los milagros también acontecían constantemente, por todo el mundo las iglesias que oraban eran iglesias donde Dios sanaba portentosamente de forma indiscriminada y continua.

Desafortunadamente en este tiempo también surgieron muchos farsantes. Motivados por la codicia, o el deseo de fama, seres sin escrúpulos y sin ningún temor de Dios comenzaron cons-

¡Necesitamos recuperar nuestro compromiso con Dios!

tantemente a falsificar milagros, se levantaron falsos profetas y eso desanimo a muchos, como dice la escritura; Un poco de levadura leuda toda la masa.

Sin embargo, es tiempo de recuperar no lo que se ha perdido, porque eso no se ha perdido, Dios sigue siendo el mismo hoy, como ayer, y como siempre. Lo que debemos recuperar no es el poder porque ese ahí está, lo que debemos recuperar es la práctica de la oración de poder, la oración nocturna, la oración que no descansa ni de día ni de noche. Lo que necesitamos recuperar es ¡Nuestro compromiso con Dios!

PANORAMA DE LA ORACIÓN NOCTURNA EN LAS ESCRITURAS

La oración nocturna es una práctica espiritual común en las Escrituras. A menudo, se asocia con la búsqueda de la presencia de Dios en momentos de tranquilidad o angustia. El propósito de este capítulo es examinar la oración nocturna en la Biblia, y explorar los principios y enseñanzas que cada pasaje bíblico ofrece.

I. Significado de la oración nocturna

La oración nocturna se refiere a la práctica de orar a Dios en la noche. Esta práctica ha sido importante en la Biblia y ha sido practicada por muchos creyentes a lo largo de la historia. La oración nocturna es una oportunidad para buscar la presencia de Dios en momentos de tranquilidad o angustia.

En la noche, el ambiente es más tranquilo y silencioso, lo que permite una mayor concentración en la oración y una mayor reflexión espiritual. Además, la oración nocturna es un acto de adoración y humildad hacia Dios, reconociendo nuestra dependencia de Él. Al comprender mejor la oración nocturna, podemos ser motivados a cultivar el hábito de la oración constante y buscar una mayor comunión con Dios en nuestra vida diaria.

II.   Antiguo Testamento

El Antiguo Testamento ofrece varios ejemplos de oración nocturna. En Salmo 4:8, el salmista invita a su audiencia a confiar en Dios durante la noche, y encontrar descanso en su presencia. En Salmo 63:6, el salmista describe su búsqueda de Dios en la noche, buscando su presencia con todo su ser. Sin embargo, en Salmo 77:2-6, el salmista experimenta una angustia que le impide encontrar paz durante la noche. En Salmo 119:55-56, el salmista describe la bendición de recordar a Dios durante la noche, y en Lamentaciones 2:19, el autor describe la práctica de llorar y orar durante la noche en tiempos de aflicción.

a.   El llamado a la oración nocturna

En el Salmo 4:8 podemos ver el llamado a la oración nocturna, donde el salmista declara su confianza en Dios mientras se acuesta en su cama por la noche. El verso invita a los creyentes a confiar en Dios, y en su capacidad para proteger y cuidar de ellos mientras duermen. Además, la oración nocturna es vista como un acto de confianza y entrega en las manos de Dios, incluso en los momentos de mayor inquietud y preocupación.

b.   La búsqueda de Dios en la noche

En el Salmo 63:6, el salmista busca la presencia de Dios en la noche y declara su deseo de seguir buscándolo. La noche se presenta como un momento propicio para la búsqueda de Dios, donde la quietud y la oscuridad pueden ayudar a enfocar la mente y el corazón en Dios. Además, la búsqueda de Dios en la noche demuestra un anhelo profundo por una relación más cercana con

Él, y una comprensión de que sólo Él puede satisfacer las necesidades del alma.

c. La angustia de la oración nocturna

El Salmo 77:2-6 es una expresión de la angustia de la oración nocturna. El salmista está experimentando una gran angustia y dolor, y busca a Dios en la noche para encontrar consuelo. El versículo dice: "De día busqué al Señor; por la noche clamé a él sin descanso; mi alma rehusó consuelo". Este pasaje nos muestra que la oración nocturna no es sólo para los momentos de tranquilidad, sino también para los momentos de angustia y dolor. La oración nocturna puede ser una forma de encontrar consuelo en Dios y de expresar nuestras emociones más profundas a Él.

d. La bendición de la oración nocturna

El Salmo 119:55-56 es una expresión de la bendición de la oración nocturna. El salmista dice: "De noche me acuerdo de tu nombre, oh, Jehová, y guardo tu ley. Esto hice, porque he guardado tus mandamientos". Este pasaje nos muestra que la oración nocturna puede ser una forma de guardar los mandamientos de Dios y de recordar su nombre y su ley. Además, el Salmo 119:55-56 nos muestra que la oración nocturna puede ser una fuente de bendición y fortaleza en nuestra vida espiritual.

e. El llanto y la oración nocturna

El libro de Lamentaciones se caracteriza por ser una expresión de lamento y dolor en medio del sufrimiento del pueblo de Israel. En el capítulo 2, el autor describe la destrucción de Jerusalén y el templo por parte del enemigo. En medio de esta tragedia, el versículo 19 destaca la importancia de la oración nocturna:

"Levántate, clama en la noche, al comenzar las vigilias; derrama como agua tu corazón delante de la presencia del Señor".

Este pasaje enfatiza la necesidad de acudir a Dios en la noche, cuando el dolor y la angustia pueden ser más intensos. La oración nocturna es presentada como una forma de derramar el corazón ante la presencia de Dios, expresando el dolor y la tristeza del pueblo de Israel. Es un llamado a la honestidad emocional y espiritual en la presencia de Dios, reconociendo nuestra vulnerabilidad y necesidad de su consuelo y ayuda.

En nuestra propia experiencia, la oración nocturna puede ser una oportunidad para procesar nuestras emociones y preocupaciones del día, y para encontrar consuelo.

NUEVO TESTAMENTO

En el Nuevo Testamento, la oración nocturna se presenta como una práctica importante y valiosa para los seguidores de Jesús. En Mateo 14:23, Jesús se retira a orar en soledad durante la noche. En Lucas 6:12, Jesús pasa toda la noche en oración antes de elegir a sus discípulos. En Hechos 16:25, Pablo y Silas oran y cantan himnos durante la noche en la cárcel, lo que resulta en un milagroso terremoto que los libera. En Efesios 6:18, Pablo exhorta a los creyentes a orar constantemente, incluso en la noche.

En Mateo 14:23, encontramos que Jesús se retiró a una montaña para orar en la noche después de haber realizado una serie de milagros y de alimentar a una multitud de personas. Esta escena nos muestra la importancia que Jesús le daba a la oración nocturna y cómo buscaba momentos de tranquilidad para conectarse con su Padre celestial. La oración nocturna de Jesús es un ejemplo para todos los creyentes de la necesidad de buscar la comunión con Dios en un momento de tranquilidad y soledad.

En Lucas 6:12, vemos que Jesús pasó toda una noche en oración antes de elegir a sus doce discípulos. Este evento nos muestra la importancia de la oración nocturna en la toma de decisiones importantes. La elección de los discípulos fue una tarea crucial para el ministerio de Jesús y él buscó la guía y la dirección de su Padre celestial a través de la oración nocturna. Este ejemplo de Jesús nos enseña que, al igual que él, debemos buscar la dirección de Dios en la oración nocturna antes de tomar decisiones importantes.

En Hechos 16:25, encontramos a Pablo y a Silas orando y cantando himnos en la cárcel después de haber sido azotados y encarcelados injustamente. A pesar de su difícil situación, estos hombres encontraron consuelo y fortaleza en la oración nocturna. Su ejemplo nos muestra cómo la oración nocturna puede ayudarnos a encontrar paz y consuelo en tiempos de angustia y adversidad. Además, su oración y alabanza en medio de la adversidad llevó a la salvación del carcelero y su familia, lo que demuestra el poder de la oración nocturna para cambiar situaciones y transformar vidas.

En Efesios 6:18, Pablo exhorta a los creyentes a orar constantemente en el Espíritu en todas las ocasiones. Esta exhortación nos muestra que la oración debe ser una práctica constante en la vida del creyente, no solo en momentos de angustia o necesidad. La oración nocturna es una forma de cumplir este mandamiento de Pablo y de mantener una comunicación constante con Dios. La oración nocturna también nos permite reflexionar sobre el día que ha pasado y prepararnos para el día que viene, poniendo nuestras vidas y nuestras necesidades en las manos de Dios.

PRINCIPIOS DE LA ORACIÓN NOCTURNA

La oración nocturna en la Biblia enseña varios principios importantes. En primer lugar, la oración nocturna puede ser un momento de comunión con Dios en un momento de tranquilidad. En segundo lugar, la oración nocturna se puede usar como una forma de buscar a Dios en tiempos de angustia. En tercer lugar, la oración nocturna puede incluir lamentación y arrepentimiento. En cuarto lugar, la oración nocturna puede resultar en bendiciones y promesas de Dios. Finalmente, la oración nocturna también es importante porque es un ejemplo de Jesús y los primeros seguidores de Jesús.

I.   *Comunión con Dios en un momento de tranquilidad*

El evangelio de Mateo nos presenta la oración nocturna de Jesús. Después de alimentar a los cincomil y retirarse a solas a orar, Jesús envió a sus discípulos en una barca mientras Él se quedó en la orilla para orar. La oración nocturna de Jesús muestra su dependencia en Dios y su necesidad de un tiempo a solas para estar en comunión con su Padre Celestial.

Además, la oración nocturna de Jesús sirve como un ejemplo para nosotros de la importancia de buscar a Dios en tiempos de tranquilidad y de necesidad.

f.   *Búsqueda de Dios en tiempos de angustia*

En muchos casos, los salmos que hablan sobre la oración nocturna están relacionados con tiempos de angustia y dificultad. En esos momentos, la búsqueda de Dios a través de la oración nocturna puede ser especialmente importante. En el Salmo 42:8, por ejemplo, el salmista clama a Dios en la noche y expresa su esperanza en que el Señor le concederá su misericordia durante el día. La oración nocturna se convierte en un medio de consuelo y esperanza en tiempos de angustia y dolor.

g. Lamentación y arrepentimiento en la oración nocturna.

Otra función importante de la oración nocturna es la de permitir la expresión de lamentación y arrepentimiento. En el Salmo 51, el rey David clama a Dios en busca de perdón después de su pecado con Betsabé. La oración nocturna le brinda un momento de soledad y tranquilidad para examinar su corazón y su comportamiento, y para buscar el perdón y la gracia de Dios.

La oración nocturna también puede ser un medio para que los creyentes expresen sus lamentaciones y dolores ante el Señor, y para buscar su consuelo y su guía en medio de las dificultades.

h. Bendiciones de la oración nocturna.

La oración nocturna puede brindar una serie de bendiciones para aquellos que la practican. Una de las principales bendiciones es una mayor cercanía con Dios. La oración nocturna puede proporcionar un momento tranquilo para conectarse con Dios y experimentar su presencia de una manera más profunda.

Además, la oración nocturna también puede proporcionar un alivio del estrés y la ansiedad que pueden surgir durante el día. Al tomarse el tiempo para orar en la noche, las preocupaciones y problemas diarios pueden disminuir, lo que puede permitir una mayor paz mental y emocional.

El ejemplo de Jesús en la oración nocturna: El ejemplo de Jesús en la oración nocturna es un poderoso testimonio de la importancia y el valor de la oración nocturna. En varias ocasiones, Jesús se retiró a lugares solitarios para orar durante la noche, como se registra en Mateo 14:23. A través de su ejemplo, Jesús demostró la necesidad de pasar tiempo con Dios en oración y cómo esto puede fortalecer la relación con Dios y proporcionar dirección en la vida. Además, en la noche antes de su crucifixión, Jesús pasó tiempo orando en el Jardín de Getsemaní, lo que muestra que la oración nocturna también puede ser un momento de preparación para enfrentar situaciones difíciles.

Por lo tanto, el ejemplo de Jesús en la oración nocturna nos inspira a seguir su ejemplo y cultivar este importante hábito en nuestras propias vidas.

I. Conclusión

La oración nocturna es una práctica importante y valiosa en la Biblia. Ofrece un momento de comunión con Dios en momentos de tranquilidad o angustia. Además, la oración nocturna puede conducir a la bendición y la promesa de Dios. Cultivar el hábito de la oración nocturna es un desafío, pero promete una relación más profunda y significativa con Dios

i. *La importancia de la oración nocturna.*

La importancia de la oración nocturna radica en el hecho de que es una forma de comunicación directa y personal con Dios. La oración nocturna es un tiempo especial en el que podemos hablar con Dios de manera íntima, cuando todo está en calma y tranquilidad.

En la noche, las preocupaciones del día se desvanecen y podemos enfocarnos en nuestra relación con Dios. Además, la oración nocturna nos ayuda a descansar mejor, ya que nos libera de la ansiedad y la tensión acumulada durante el día.

La oración nocturna también es una oportunidad para buscar la dirección de Dios en nuestras vidas. En la quietud de la noche, podemos reflexionar sobre nuestras decisiones y desafíos, y pedir la guía y sabiduría divinas. También podemos pedir perdón y liberación de nuestros pecados y debilidades, lo que nos lleva a una mayor comunión con Dios.

j. El desafío de cultivar el hábito de la oración nocturna

Cultivar el hábito de la oración nocturna puede ser un desafío, especialmente en nuestra cultura moderna en la que estamos constantemente expuestos a distracciones y ocupaciones. Sin embargo, el hábito de la oración nocturna puede transformar nuestras vidas, llevándonos a una mayor paz y comunión con Dios.

Una forma de superar este desafío es establecer una rutina antes de acostarse que incluya la oración nocturna. Podemos establecer una hora fija para acostarnos y levantarnos, y dedicar unos minutos antes de dormir para orar y reflexionar. Además, podemos encontrar un lugar tranquilo y sin distracciones para orar, y evitar el uso de dispositivos electrónicos antes de dormir.

Otro desafío puede ser encontrar la motivación para orar en la noche después de un largo día de trabajo o actividades. En este caso, podemos recordar los beneficios de la oración nocturna y fijarnos metas realistas para cultivar este hábito. También podemos buscar la compañía de otros creyentes que compartan este deseo de orar en la noche, lo que nos puede motivar y fortalecer en nuestra fe.

> k. *La promesa de bendición y comunión con Dios a través de la oración nocturna.*

La oración nocturna es una oportunidad para experimentar la presencia y bendición de Dios en nuestras vidas. A través de la oración nocturna, podemos fortalecer nuestra relación con Dios, recibir su guía y dirección, y experimentar su paz y consuelo en tiempos de angustia.

La Biblia nos promete que Dios escucha nuestras oraciones y nos bendice en respuesta a nuestra fe y confianza en Él. En Mateo 7:7-8, Jesús dice: "Pedid, y se os dará; buscad, y hallaréis; llamad, y se os abrirá. Porque todo aquel que pide, recibe; y el que busca, halla; y al que llama, se le abrirá".

PREGUNTAS PARA REFLEXIONAR

1. ¿Qué es la oración nocturna y por qué es importante?

   _____

   _____

   _____

2. ¿Cómo resumiría la enseñanza de la oración nocturna en el A.T?

   _____

   _____

   _____

3. ¿Cómo resumiría la enseñanza de la oración nocturna en el N.T?

   _____

   _____

   _____

4. Explique en su propias palabras, qué beneficios obtuvo de este capítulo.

   _____

   _____

   _____

NOTAS PERSONALES

_____

_____

_____

_____

_____

_____

_____

_____

_____

_____

_____

_____

_____

_____

_____

CAPÍTULO 7

PALABRAS FINALES

CAPÍTULO 7

PALABRAS FINALES

Espero en Dios que en este libro se haya logrado el objetivo de dar principios claves para el desarrollo de una vida de oración efectiva y poderosa.

Ruego a Dios que las palabras aquí expresadas no caigan en saco roto, que lo escuchado sea como la semilla sembrada en buena tierra y de fruto en quienes leyeron este libro.

Agradezco primeramente a Dios por las oportunidades de caminar con Él por todos estos años y la enseñanza que me ha otorgado durante este caminar.

Para mis lectores lo primero y más importante es que recordemos que, la oración, es más que una rutina y repetición de palabras, la oración es un encuentro con Dios, con nosotros mismos y con las fuerzas de las tinieblas. La oración es algo multidimensional que aun cuando la practicamos en la tierra, tiene influencia en los cielos, tanto en el tercer cielo como en los aires donde habita el príncipe de este mundo.

La oración por tanto debe de verse no como un campo de batalla sino como un arma de guerra para la destrucción de fortalezas. La oración es más poderosa que una bomba atómica y es capaz de aniquilar por completo a los que se oponen a Dios tanto en el mundo espiritual como en el mundo material.

En otro libro hablare más a fondo de la guerra espiritual si Dios nos permite ese privilegio, porque no podemos ignorar las maquinaciones de Satanás ni su *modus operandi* si queremos ser verdaderos intercesores.

Si aprendiste algo de este libro practica los principios aquí indicados para tu crecimiento espiritual y el de la iglesia, también, regala copias a personas que crees serán beneficiadas por este o motívalos a comprarlo, si dos o tres personas de tu iglesia se unieran en oración siguiendo los principios aquí descritos los resultados a su clamor serán más rápidos y mucho más fuertes, un cordón de tres dobleces no se rompe fácilmente. Si este libro llego a tus manos úsenlo como manual de discipulado en la oración, por ello, añadimos varias preguntas al final de cada capítulo para que el libro caiga en manos de personas nuevas en el arte de la oración.

Agradezco a Dios por ti, y de antemano te digo que estas en mis oraciones al igual que todos los que lean este libro, este libro fue escrito en oración y después de mucha reflexión nos dimos a la tarea de tomar el tiempo para escribirlo para tu beneficio y crecimiento espiritual. Espero en Dios que este tiempo de lectura te traiga una unción fresca y que el fuego del Espíritu Santo te impulse a ser un guerrero/a de oración.

Recuerda, debes orar en todo tiempo, pero principalmente en las madrugadas donde el ruido y las distracciones de este mundo se detienen, para que puedas tener un encuentro con Dios, para la destrucción de fortalezas y para refrescar tu vida espiritual.

NOTAS PERSONALES

www.ingramcontent.com/pod-product-compliance
Lightning Source LLC
Chambersburg PA
CBHW020917090426

42736CB00008B/677